全国知识产权服务业发展报告

2022年

国家知识产权局知识产权运用促进司◎组织编写

2022

知识产权出版社
全国百佳图书出版单位
—北京—

图书在版编目（CIP）数据

全国知识产权服务业发展报告. 2022年/国家知识产权局知识产权运用促进司组织编写. —北京：知识产权出版社，2023.5

ISBN 978－7－5130－8640－0

Ⅰ.①全…　Ⅱ.①国…　Ⅲ.①知识产权—服务业—调查报告—中国—2022　Ⅳ.①D923.404②F726.9

中国国家版本馆CIP数据核字（2023）第001254号

内容提要

本书系统反映了知识产权服务业统计调查工作的主要成果，全面体现了我国知识产权服务业机构规模、人员数量、经济效益、业态发展以及市场环境的趋势与特征，汇总整理了具有代表性、创新性的政府工作、行业协会以及商业化服务案例，展示了知识产权服务业的最新进展和服务成效。本书可为知识产权服务相关行业管理和企业经营提供数据及案例支撑，对学术研究、行业实践也有一定的参考价值。

责任编辑：卢海鹰　王瑞璞　　　**责任校对：**王　岩
封面设计：杨杨工作室·张　冀　　　**责任印制：**刘译文

全国知识产权服务业发展报告（2022年）

国家知识产权局知识产权运用促进司　组织编写

出版发行：知识产权出版社有限责任公司	**网　　址：**http：//www.ipph.cn
社　　址：北京市海淀区气象路50号院	**邮　　编：**100081
责编电话：010-82000860转8116	**责编邮箱：**wangruipu@cnipr.com
发行电话：010-82000860转8101/8102	**发行传真：**010-82000893/82005070/82000270
印　　刷：三河市国英印务有限公司	**经　　销：**新华书店、各大网上书店及相关专业书店
开　　本：787mm×1092mm　1/16	**印　　张：**9.5
版　　次：2023年5月第1版	**印　　次：**2023年5月第1次印刷
字　　数：152千字	**定　　价：**70.00元

ISBN 978－7－5130－8640－0

编　委　会

编　写　组

组　长：姜　伟　邓仪友

副组长：路宏波　刘　谦　杨　轩

成　员：陈志伟　安亚磊　丁惠玲

马　励　刘洲东　王　强

原学宁　刘　柳

执 笔 人

前　　言： 路宏波　刘　谦

第一部分： 安亚磊　路宏波　杨　轩

第二部分： 杨　轩　马　励　王　强

第三部分： 陈志伟　刘洲东　刘　柳

第四部分： 刘　谦　丁惠玲　原学宁

案例编审： 路宏波　刘　谦　杨　轩　原学宁

统 稿 人： 姜　伟　邓仪友

前　　言

知识产权服务业贯穿于知识产权制度运行全链条，是推动知识产权高质量创造、高效益运用、高标准保护、高水平管理的重要支撑。党中央、国务院高度重视知识产权服务业发展工作。习近平总书记指出，“要加大知识产权保护执法力度，完善知识产权服务体系”“打通知识产权创造、运用、保护、管理、服务全链条”。2021 年，党中央、国务院相继印发了《知识产权强国建设纲要（2021—2035 年）》和《“十四五”国家知识产权保护和运用规划》，明确作出培育国际化、市场化、专业化知识产权服务机构，促进知识产权服务业健康发展等部署要求。2022 年，国家知识产权局、国家发展和改革委员会、教育部、科学技术部、工业和信息化部等 17 部委联合印发《关于加快推动知识产权服务业高质量发展的意见》，描绘了知识产权服务业高质量发展的宏伟蓝图。

为准确掌握知识产权服务业发展状况，及时了解行业发展最新动态，为行业管理和企业经营提供决策支持，国家知识产权局已连续 11 年组织开展知识产权服务业统计调查工作。调查显示，自“十三五”以来，知识产权服务业规模持续扩大，吸纳就业能力不断增强，经济效益水平不断提升，知识产权服务新模式、新业态不断涌现，支撑创新发展作用愈加显著。2022 年，为总结知识产权服务业发展和监管工作中的经验做法，推广知识产权服务业新业态新模式及优秀服务案例，国家知识产权局组织开展知识产权服务业案例征集遴选工作，面向知识产权管理部门、行业协会、服务机构征集创新做法和先进经验。基于上述工作成果，国家知识产权局知识产权运用促进司组织编写了《全国知识产权服务业发展报告（2022 年）》。本报告共分为全国知识产权服务业发展现状、全国知识产权服务业主要数据、重点业务类型发展状况、市场环境分析以及典型案例等五部分。前四部分主要数据来源于 2022 年全国知识产权服务业统计调查工作，利用了截至 2021 年底知识产权服务业相关数据。典型案例由地方知识产权管理部门及行业协会等推荐，国家知识产权局知识产权运用促进司组织专家评审、选取。报告虽然内容丰富，但也难免有疏漏与不足之处，敬请广大读者指正。除编写组之外，于嘉莹、陈芳卓、王红雨、邹国骏等多人也参与了文字编辑、校阅等工作，在此一并向上述相关单位和人员表示感谢。

编写组

2023 年 1 月

目　　录

第一部分　全国知识产权服务业发展现状

一、全国知识产权服务业发展总体情况

近年来，知识产权创造、运用、保护和管理水平不断增强，从需求端有效激发了知识产权服务业发展动能，知识产权服务业规模持续扩大，吸纳人才就业作用显著增强，对经济社会发展的贡献度不断提升，具体情况如下。

（一）机构数量持续增长

截至 2021 年底，我国从事知识产权服务的机构数量约为 8.4 万家[1]，与 2020 年底相比增长 15.1%。其中，专利代理机构有 3934 家，同比增长 20.9%；商标代理机构有 63859 家，同比增长 14.9%；从事知识产权法律服务的机构超过 1.4 万家；从事知识产权信息服务的机构超过 1.5 万家；从事知识产权运营服务的机构超过 6500 家。

（二）吸纳就业作用持续加强

截至 2021 年底，我国知识产权服务业从业人员约 92.8 万人，较 2020 年底增长 7.3%，吸纳就业作用明显。2021 年招入新入职人员的知识产权服务机构比例为 52.9%，新入职人员年龄主要集中在 25～30 岁，其中，录用应届毕业生的机构超过半数。近 2000 家知识产权服务机构向 3000 多名失业人员提供再就业机会。调查显示，在知识产权服务业从业人员中，大学本科及以上学历比

---

[1] 如无特殊说明，本报告正文及图表中的全国数据均不含港澳台数据。本报告数据均取到小数点后一位，因小数点取舍而产生的误差未作配平。

例为 68.3%，从业人员学历层次较高。

（三）效益水平稳步提升

据测算，2021 年，全国从事知识产权服务的机构共创造营业收入超过 2600 亿元，同比增长 15.6%。其中，执行企业财务制度的机构平均营业收入 338.6 万元，同比增长 1.1%。专利代理机构总营业收入达 437.5 亿元，平均营业收入为 1111.3 万元。2021 年知识产权服务业从业人员人均营业收入（即劳动生产率[1]）为 30.5 万元/人，同比增长 17.1%。

二、全国知识产权服务业发展主要特点

我国知识产权服务业保持稳步发展，加速融入国家发展整体战略和区域重大发展战略，服务区域经济发展能力持续增强，服务体系更加健全，新模式、新业态不断涌现，支撑企业创新发展作用进一步凸显，具体特点如下。

（一）区域性发展特征明显

调查显示，在全国 8.4 万家知识产权服务机构中，64.6% 分布在京津冀地区、长三角地区、粤港澳大湾区[2]和成渝地区，有效支撑区域经济高质量发展。北京从事知识产权信息、运营服务的机构比例高于其他区域，呈现出多业态均衡发展态势。全国成立时间在 2 年以内的新生机构约 2.2 万家，其中近三成分布在长三角地区，彰显出该区域内知识产权服务业强劲的创业活力。粤港澳大湾区有 18.6% 的知识产权服务机构开展涉外业务，为企业“走出去”提供了有力保障。

（二）服务支撑创新作用进一步显现

2021 年，专利代理机构代理专利申请量占全部专利申请量的 80.2%（即专利代理率为 80.2%），较 2020 年提升 3.4 个百分点，其中发明专利代理率达

---

❶ 劳动生产率（Labour productivity）是指劳动者在一定时期内创造的劳动成果与其相适应劳动消耗量的比值，是评价企业经济活动的重要指标，是企业生产技术水平、经营管理水平、职工技术熟练程度和劳动积极性的综合体现。计算公式为：总劳动生产率 = 工业增加值/全体从业人员人数。

❷ 本调查涉及粤港澳大湾区机构不包含香港、澳门地区机构。

到 86.2%。2021 年，专利代理机构共为 39.9 万家企业提供专利申请代理服务，占全部企业申请人的 84.1%。商标注册申请代理率为 90.6%，近五年均保持在九成以上。347 家商标代理机构代理注册地理标志商标 1513 件，代理率为 99.0%。579 家知识产权服务机构代理集成电路布图设计申请 13025 件，代理率为 64.2%。知识产权服务业支持全面创新的作用愈发显著。

（三）行业整合、结构升级态势显现

2021 年新成立的知识产权服务机构超过 1.2 万家。在大量新机构涌入的同时，约有 1.0 万家机构由于并购、合并、破产、转型等原因退出。知识产权信息服务、运营服务等与金融资本深度结合，综合性服务机构不断涌现，开展多种业务类型的知识产权服务机构比例为 39.5%。技术创新推动知识产权服务业结构变化明显，业务类型涉及知识产权信息服务的机构数量快速增长，已超过 1.5 万家。

（四）服务机构数字化转型加速

调查显示，27.4% 的知识产权服务机构积极推进自身数字化转型，运用人工智能、大数据、云计算以及区块链等数字技术提供知识产权服务，包括：开发科技专利情报软件应用于专利导航等知识产权服务；运用人工智能技术开发专利文献语义检索软件和智能翻译系统；通过“互联网 +”与大数据技术，优化知识产权侵权信息网络检索系统，及时发现侵权线索，保障创新主体利益。调查显示，有 84.9% 的知识产权服务机构通过购买商业数据库或信息技术软件提高服务水平，有 76.2% 的代理服务机构和 68.7% 的信息服务机构认为数字技术有效提升专业化服务质量和效率。

三、全国知识产权服务业发展环境状况

近年来，我国知识产权服务业高质量发展环境日益优化，行业监管力度持续加强，知识产权服务人才队伍建设体系不断完善，行业信心进一步提升，具体情况如下。

（一）行业监管工作成效显著

为落实党中央、国务院促进我国知识产权服务业有序健康发展的指示精

神，国家知识产权局深入推进“蓝天”专项整治行动，强化代理监管。2021年，国家知识产权局陆续印发《关于深入开展“蓝天”专项整治行动的通知》《落实2021年“蓝天”行动实施方案》《专利、商标代理行业违法违规行为协同治理办法》《关于进一步严厉打击非正常专利申请代理行为的通知》等政策文件，重拳打击违法违规代理行为。“蓝天”行动开展以来，累计约谈代理机构6800家，责令整改4100家，作出罚款与警告640件，吊销和停业18家机构。专项整治行动取得积极成效，代理行业秩序持续好转。

（二）人才供给环境不断优化

2021年，国家知识产权局印发《知识产权人才“十四五”规划》，明确指出要完善知识产权服务业人才培养体系，加强知识产权服务业人才队伍建设，培养行业高端拔尖人才。知识产权硕士专业学位列入《研究生教育学科专业目录（2022年）》，报名参加专利代理师资格考试的人数逐年攀升。此外，知识产权服务机构为提升服务质量、更好满足创新主体和市场主体需求积极增强高端人才储备，其中，42.9%的知识产权服务机构有招聘数字技术方面人才的计划。

（三）行业发展信心持续增强

调查显示，我国知识产权服务机构对未来市场发展具备信心。市场环境呈现优化预期，营业收入呈现增长预期，薪酬支出呈现提升预期，办公场所呈现扩大预期，录用人数呈现增加预期。对上述5个问题的调查结果赋值，形成知识产权服务业发展信心指数[1]，2021年知识产权服务业发展信心指数为58.4分，高于荣枯分水线数（50分），表明服务机构认为未来一年知识产权服务业发展将保持扩张态势。

---

[1] 本调查参考采购经理人指数（PMI）、消费者预期指数等宏观经济预期指标设置了知识产权服务业发展信心指数。知识产权服务业发展信心指数以50分为荣枯线：当指数高于50分时，表示知识产权服务机构认为下一年度行业发展将保持良好扩展态势，分数越高，表示对行业发展前景越乐观；当指数低于50分时，表示知识产权服务机构认为下一年度行业发展将会呈现萎缩态势，分数越低，表示对行业发展前景越悲观。

第二部分　全国知识产权服务业主要数据

自2012年起，国家知识产权局根据国家统计局批准执行的《知识产权服务业统计调查制度》（现行版本批准文号：国统制〔2021〕63号），开展年度知识产权服务业调查工作。2022年，全国知识产权服务业统计调查采用行政数据利用、调查问卷数据分析和重点机构调研走访相结合的工作方式不断夯实数据基础，更好摸清全国知识产权服务机构数量、从业人员和营业收入情况，了解结构变化，为相关政策出台提供数据支撑。

一、2022年知识产权服务业统计调查工作概述

（一）统计调查对象

1. 调查对象范围

调查对象范围涵盖截至2021年底从事知识产权服务的各类机构，涉及提供专利、商标、版权、商业秘密、地理标志、植物新品种等知识产权相关的代理服务、法律服务、信息服务、咨询服务、商用化服务、培训服务以及其他知识产权服务类型。

2. 调查对象名录

（1）知识产权代理服务机构名录，从国家知识产权局知识产权运用促进司和商标局获取。

（2）知识产权法律服务机构名录，从中华全国律师协会知识产权专业委员会、中国裁判文书网等平台的公开裁判文书渠道获取。

（3）知识产权信息服务、咨询服务、商用化服务、培训服务以及其他服

务机构名录，从政府部门、行业协会或联盟，以及通过国家市场监督管理总局企业注册名录库获取。

综合上述名录数据，截至 2021 年底，全国从事知识产权服务的机构数量共计约 8.4 万家。

（二）统计调查内容

（1）基本情况。其包括知识产权服务机构的成立时间、从业人员、工薪水平、经营效益等。

（2）业务情况。其包括知识产权服务机构的经营范围、服务形态、新模式新业态开展情况等。

（3）市场环境和政策需求。其包括知识产权服务机构在发展中遇到的困难、对行业发展的信心。

（三）统计调查方式

（1）问卷调查。在 8.4 万家知识产权服务机构名录中，根据机构类别、规模、成立时间的不同，科学设计抽样方案，采取重点区域、重点机构普查，非重点机构抽样的方式，形成调查样本，共计 4029 个。

（2）大数据分析。从国家市场监督管理总局获取知识产权服务机构的企业年报数据，对知识产权服务机构营业收入和从业人员情况进行挖掘整理和深度分析。

（3）重点访谈。选取有代表性的知识产权服务机构，通过座谈研讨、一对一访谈等方式，深入调研了解服务机构的业务开展、机构运营、面临的问题和挑战、新模式新业态等内容。

（4）分工实施。国家知识产权局知识产权运用促进司组织协调，国家知识产权局知识产权发展研究中心设计实施方案，北京零点市场调查有限公司提供技术支撑；北京市、江苏省、广东省、四川省、重庆市等知识产权行政管理部门及相关单位分别负责重点地方的问卷发放、审核和回收。

（四）问卷回收及重点访谈反馈情况

（1）问卷调查反馈情况。本次统计调查总计发放问卷 4029 份，回收问卷

3055 份，回收率为 75.8%。采取问卷逻辑控制、电话复核、异常数据样本排查清理等措施，得到有效问卷 3044 份。

（2）重点访谈反馈情况。各地方执行单位共对 100 家有代表性的知识产权服务机构开展调研座谈，分别形成调研报告；国家知识产权局知识产权运用促进司、国家知识产权局知识产权发展研究中心经分析整理后，对部分重点机构进行实地走访调研，巩固调研访谈成果。

二、2022 年知识产权服务业统计调查主要数据

（一）知识产权服务机构情况

1. 总体情况

调查显示，全国共有 8.4 万家知识产权服务机构。其中，专利代理机构有 3934 家；商标代理机构有 63859 家，其中，提供地理标志集体证明商标申请代理服务的机构有 347 家；提供集成电路布图设计申请代理服务的机构有 579 家；从事知识产权法律服务的机构超过 1.4 万家；提供知识产权信息检索、数据服务、软件服务以及知识产权分析评议等知识产权信息服务的机构超过 1.5 万家，其中仅开展知识产权信息服务的机构超过 1500 家；提供知识产权管理、市场调查以及高价值专利培育等知识产权运营服务的机构超过 6500 家，其中仅开展知识产权运营服务的机构超过 3000 家。2021 年新注册的知识产权服务机构超过 1.2 万家。

对照《国民经济行业分类》（GB/T 4574—2017），开展知识产权服务的机构所属行业主要分布在科学研究和技术服务业（M 部），租赁和商务服务业（L 部），信息传输、软件和信息技术服务业（I 部）等行业大类中。其中，科学研究和技术服务业（M 部）以及租赁和商务服务业（L 部）占比合计 68.2%，是知识产权服务机构相对集中的国民经济行业。

2. 服务范围

如图 2－2－1 所示，知识产权代理服务是知识产权服务最主要的业务类型。2021 年从事知识产权代理服务的机构比例达到 78.4%。此外，开展两种

及以上类型业务的知识产权服务机构的占比为 39.5%❶。

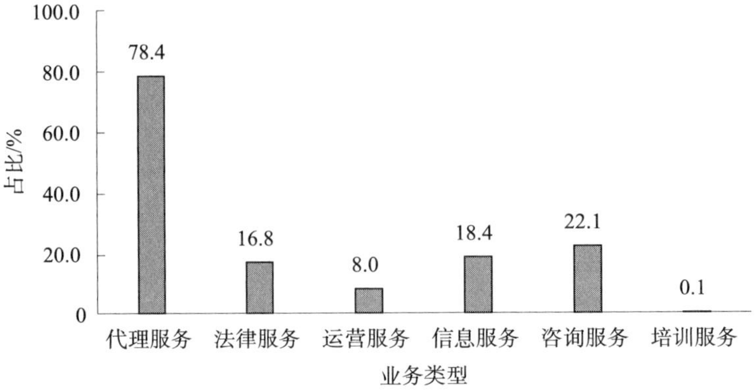

图 2－2－1　2021 年知识产权服务机构业务开展情况

调查显示，全国有 24.0% 的知识产权服务机构从事知识产权运营服务或信息服务。其中，京津冀地区从事知识产权运营服务或信息服务的机构比例相对较高，为 34.1%，长三角地区、粤港澳大湾区及成渝地区依次为 25.1%、22.8% 和 22.2%，其他地区相对较低，为 21.8%❷。

如图 2－2－2 所示，商标（49.5%）、专利（46.0%）是知识产权服务涉及的最主要知识产权类型，合计占比 95.5%；版权（2.4%）、商业秘密（0.4%）、地理标志（0.1%）及植物新品种（0.1%）等知识产权所占比例较低。

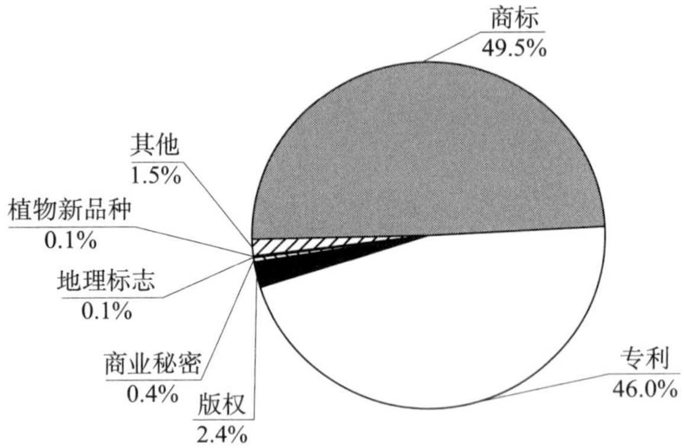

图 2－2－2　知识产权服务机构主营业务分布

注：本题中有效样本量为 3044。本题为单选题，百分比之和为 100%。

❶❷ 数据来源：根据国家市场监督管理总局企业年报、国家知识产权局行政数据分析整理。

3. 成立年限分布

如图 2-2-3 所示，在全国 8.4 万家知识产权服务机构中，按成立年限来看，成立时间在 20 年以上❶的知识产权服务机构占全国总量的 5.5%；成立时间在 10~20 年（满 10 年不足 20 年，以下同此划分方式）的知识产权服务机构占比为 14.6%；成立时间在 5~10 年的知识产权服务机构占比为 30.7%；成立时间在 3~5 年的知识产权服务机构占比为 22.4%；成立时间不足 3 年的知识产权服务机构占比为 26.8%。

如图 2-2-4 所示，成立时间不足 3 年的知识产权服务新生机构主要分布在经济发达区域，京津冀地区、长三角地区、粤港澳大湾区以及成渝地区合计占比为 64.6%。其中，长三角地区的知识产权服务新生机构占全国新生机构的比例最高，达到 27.8%，粤港澳大湾区、京津冀地区以及成渝地区依次为 18.1%、12.6% 和 6.1%。

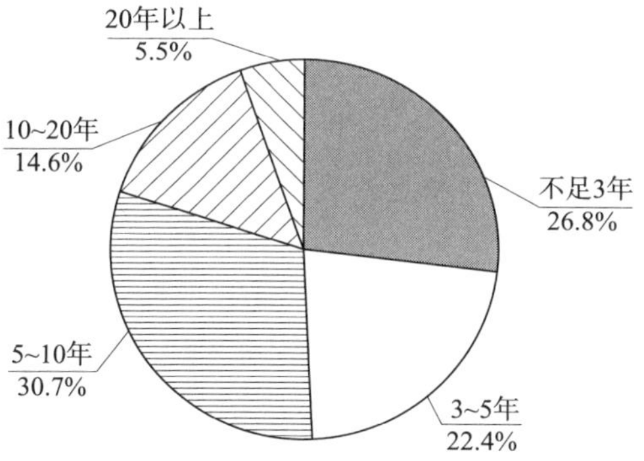

图 2-2-3 知识产权服务机构成立年限分布

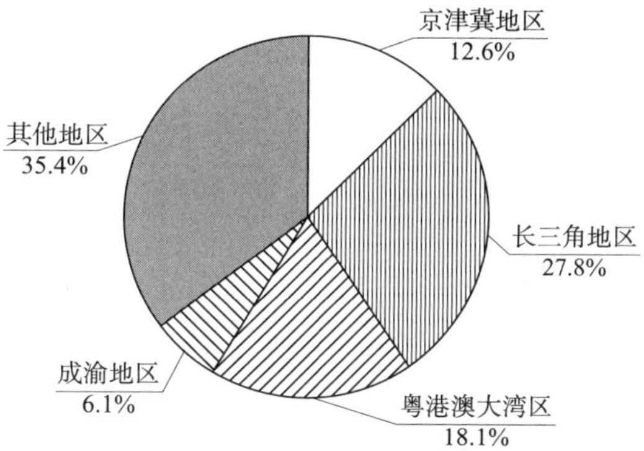

图 2-2-4 成立时间不足 3 年的新生机构区域分布

4. 区域分布

如图 2-2-5 所示，东部地区的知识产权服务机构数量最多，占 66.6%，中部地区、西部地区和东北地区分别占 15.1%、14.7% 和 3.7%。

如图 2-2-6 所示，知识产权服务机构主要集中在广东、北京、江苏、山

❶ 本报告包含区间范围的统计中，如无特殊说明，“以内”“以上”均包含本数，“不足”和“超过”均不含本数。

东、浙江和上海等 6 个省份（市），占比约为 57.1%，总计超过 4 万家。

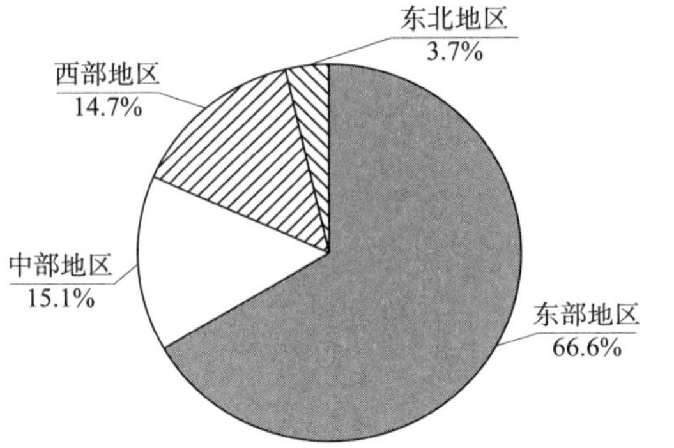

图 2-2-5　知识产权服务机构地区分布

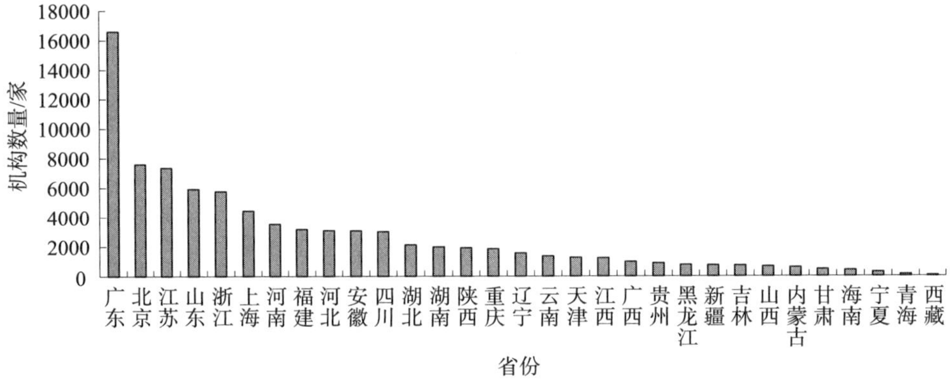

图 2-2-6　31 省份知识产权服务机构数量分布

（二）知识产权服务从业人员情况

1. 总体情况

据统计，截至 2021 年底，我国知识产权服务业从业人员约为 92.8 万人，较 2020 年底增长 7.3%。

如图 2-2-7 所示，京津冀地区、长三角地区、粤港澳大湾区以及成渝地区知识产权服务业从业人员数量达到 75.0 万人，占全国从业人员的 80.8%。其中，京津冀地区知识产权服务业从业人员数量达到 36.3 万人，占全国从业人员的 39.1%。

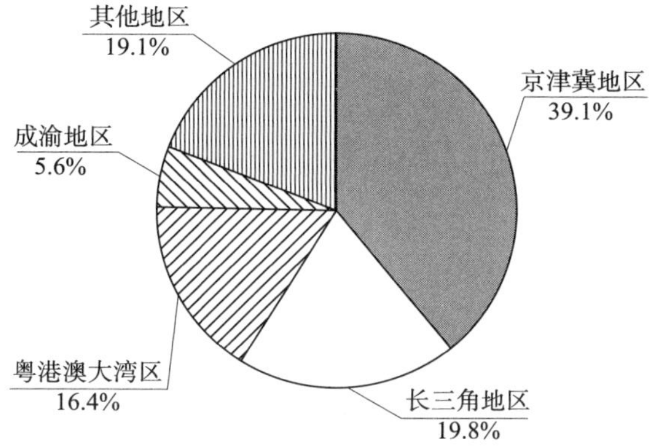

图 2－2－7　我国知识产权服务业从业人员区域分布

2. 性别结构

如图 2－2－8 所示，截至 2021 年底，参与调查的知识产权服务机构中，男性、女性从业人员比例分别为 47.0% 和 53.0%。

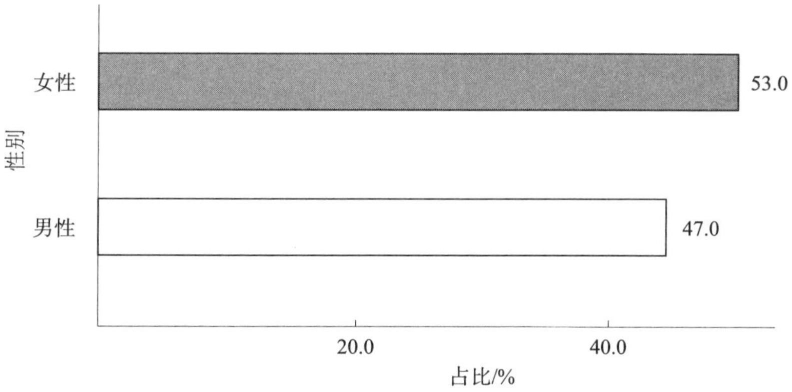

图 2－2－8　知识产权服务机构从业人员男女比例

注：本题中有效样本量为 2876。

从不同区域的知识产权服务机构从业人员性别分布来看，如图 2－2－9 所示，成渝地区、长三角地区、粤港澳大湾区以及京津冀地区女性从业人员的比例分别为 58.6%、56.6%、54.3% 和 51.1%。

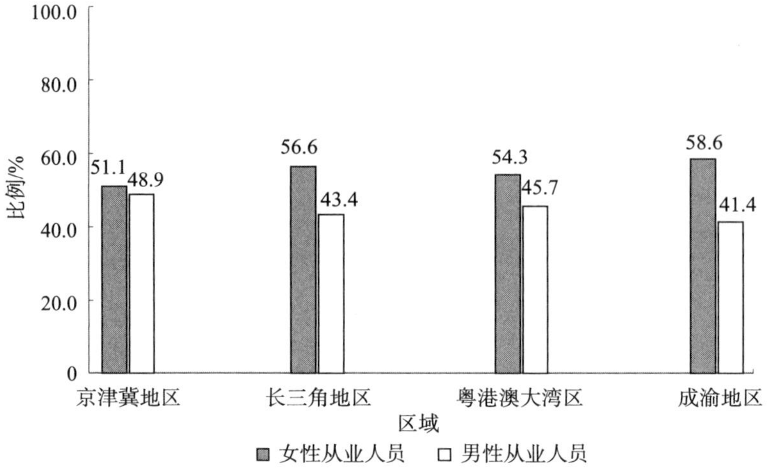

图 2－2－9　不同经济区域知识产权服务机构从业人员女性从业人员比例

注：本题中有效样本量为 2876。

3. 学历结构

如图 2－2－10 所示，截至 2021 年底，在参与调查的知识产权服务机构从业人员中，大学本科及以上学历比例为 68.3%，其中，研究生及以上学历比例为 24.4%。

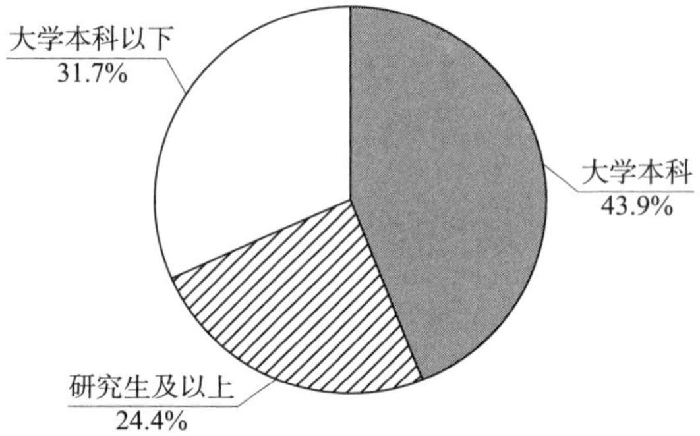

图 2－2－10　知识产权服务机构从业人员学历分布

注：本题中有效样本量为 2742。

如图 2－2－11 所示，长三角地区、成渝地区、粤港澳大湾区以及京津冀地区的大学本科以上学历从业人员比例依次为 78.6%、75.0%、68.5% 和 65.1%。

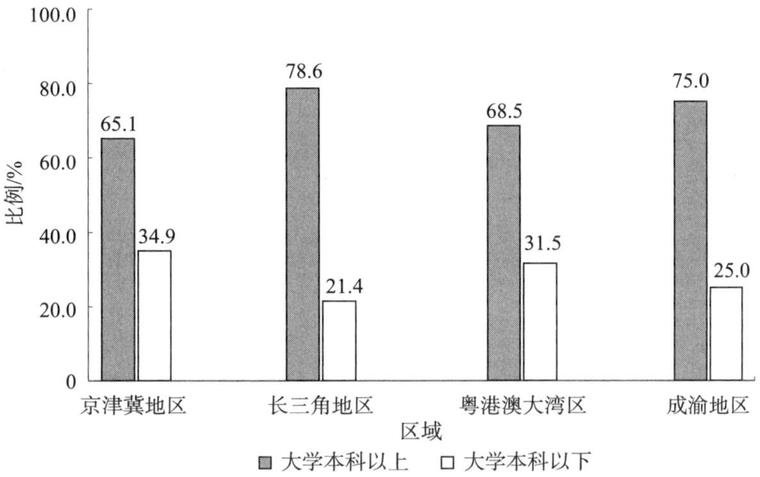

图 2-2-11　不同经济区域知识产权服务机构从业人员大学本科以上学历比例

注：本题中有效样本量为 3023。

4. 从业时间结构

调查显示，如图 2-2-12 所示，知识产权服务业从业人员从业时间在 5 年以上的占比为 21.9%。

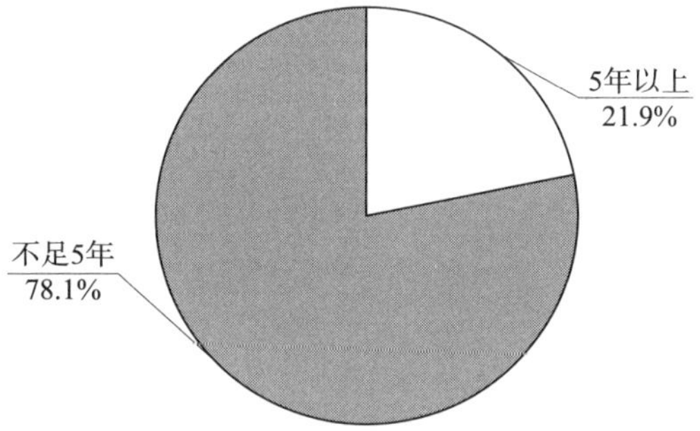

图 2-2-12　知识产权服务从业人员从业时间情况

注：本题有效样本量为 2641。

如图 2-2-13 所示，长三角地区、成渝地区、粤港澳大湾区以及京津冀地区的机构中从业时间在 5 年以上的从业人员比例依次为 36.0%、32.8%、27.5% 和 15.9%。

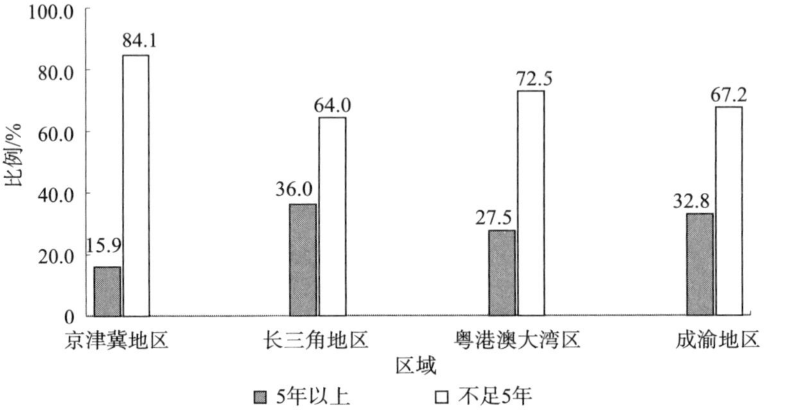

图 2-2-13　不同经济区域知识产权服务机构从业时间在 5 年以上的人员比例

注：本题中有效样本量为 2641。

5. 人员流动

参与调查的服务机构 2021 年期末平均从业人员数量为 31.5 人，如图 2-2-14 所示，平均新入职人数为 8.4 人，平均调离（离职）人数为 5.8 人，占期末平均从业人员数量的比例分别为 26.6% 和 18.4%，机构平均从业人员流动率为 14.7%[1]。

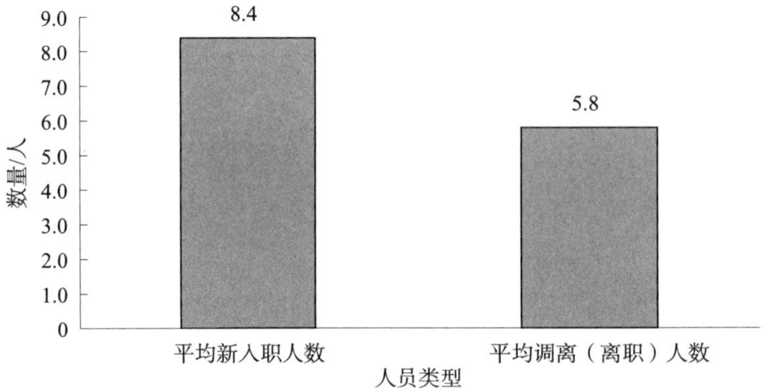

图 2-2-14　知识产权服务从业人员流动情况

注：本题有效样本量为 1598。

[1] 从业人员流动率是表征机构稳定性和从业人员工作情况的重要指标，数值越高代表机构稳定性更差，从业人员流动率的正常区间为 10% 至 15%。计算方式为：调离（离职）人数/（期末从业人员数 + 新入职人数）。

据统计，截至2021年底，近2000家知识产权服务机构向3000多名失业人员提供再就业机会❶。

如图2-2-15所示，京津冀地区、长三角地区、粤港澳大湾区和成渝地区的知识产权服务机构的平均从业人员流动率分别为8.8%、19.1%、23.1%和25.2%。

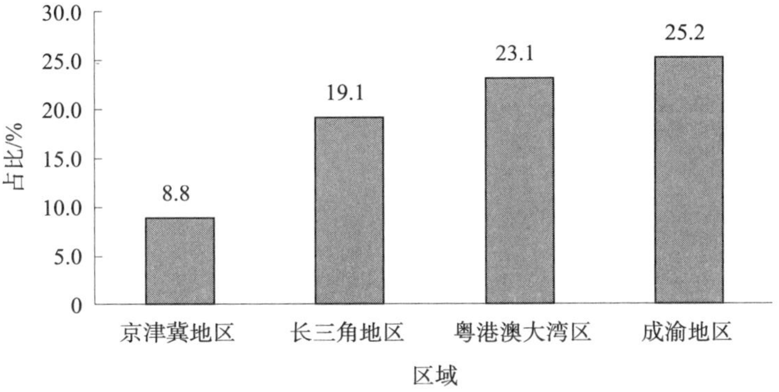

图2-2-15　不同经济区域知识产权服务机构从业人员增长率情况

注：本题中有效样本量为1598。

6. 新入职人员情况

调查显示，2021年招入新入职人员的知识产权服务机构比例为52.9%，如图2-2-16所示，在招入新入职人员的知识产权服务机构中，有55.9%通过招聘活动录用了应届毕业生。

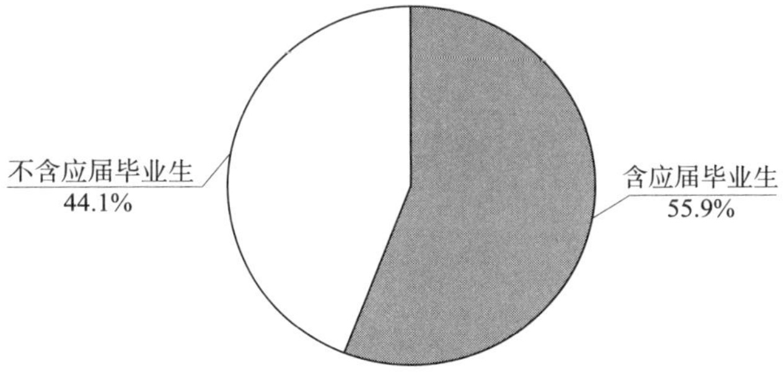

图2-2-16　2021年新入职人员包含应届生的知识产权服务机构比例

注：本题中有效样本量为1598。

❶ 数据来源：根据国家市场监督管理总局企业年报、国家知识产权局行政数据分析整理。

在录用应届毕业生的知识产权服务机构中，有 89.0% 的机构新入职人员包含大学本科及以上学历人员，其中，有 49.6% 的机构新入职人员包含重点高校❶毕业生。

如图 2－2－17 所示，2021 年知识产权服务机构招入的新入职人员主要集中在 25～30 岁，主要招入这个年龄段人员的机构比例为 57.9%。

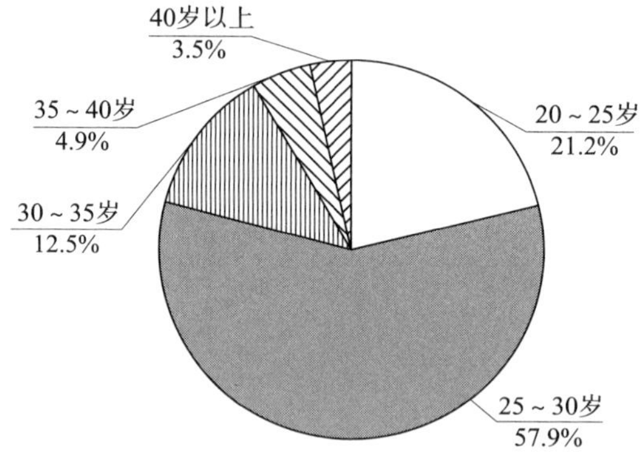

图 2－2－17　2021 年知识产权服务机构新入职人员主要年龄范围

注：本题中有效样本量为 1598。

（三）知识产权服务营业收入情况

1. 总体规模

根据测算，全国知识产权服务业营业收入规模约为 2600 亿元，较 2020 年增加了 15.6%。2021 年机构平均营业收入 338.6 万元，与 2020 年相比增加了 1.1%；从业人员人均营业收入（即劳动生产率）为 30.5 万元，较 2020 年增加了 17.1%。

如图 2－2－18 所示，京津冀地区、长三角地区、粤港澳大湾区以及成渝地区知识产权服务业营业收入合计达到 2147.7 亿元，占全国的 82.6%。其中，京津冀地区知识产权服务业营业收入规模达到 796.8 亿元，占全国知识产权服务业营业收入的 30.6%。

❶ 重点高校指教育部认定的高校中属于“985 工程”“211 工程”或者“双一流”建设高校的高校。

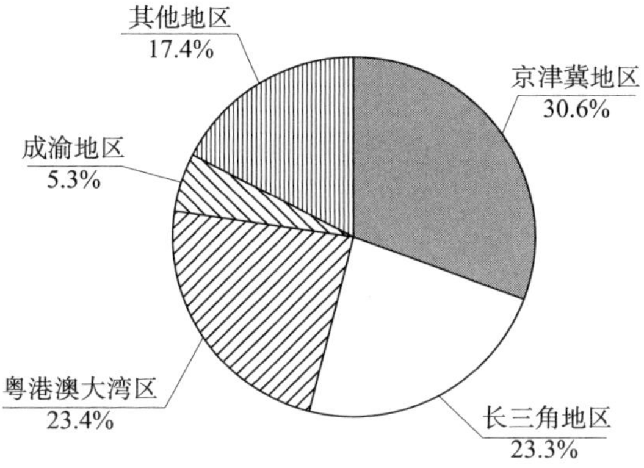

图 2－2－18　截至 2021 年底我国知识产权服务业营业收入分布

2. 服务利润

如图 2－2－19 所示，2021 年，从事知识产权法律服务和培训服务的机构认为服务利润有所增加或保持不变的比例均超过五成，相对高于其他机构。从事知识产权代理服务的机构认为服务利润有所减少的比例为 68.9%，高于其他机构；从事知识产权咨询服务和培训服务机构中，认为服务利润没变化的比例分别为 31.4% 和 47.2%，相对高于其他机构。

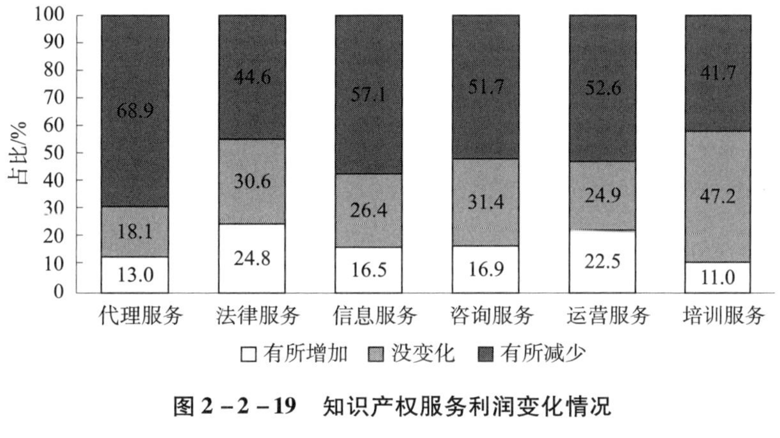

图 2－2－19　知识产权服务利润变化情况

注：本题有效样本量为 3044，因小数取舍而产生的误差未作配平处理。

3. 经营成本

如图 2－2－20 所示，在知识产权服务机构经营成本构成中，人力资源成本、管理成本、销售成本、生产成本和其他成本的比重分别是 74.8%、

15.0%、7.2%、2.2%和0.8%。

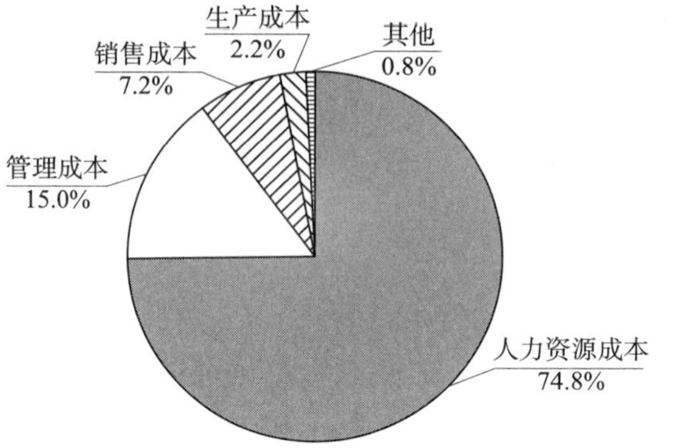

图 2-2-20　知识产权服务机构经营成本分布

注：本题中有效样本量为3044。本题为单选题，百分比之和为100%。

从分区域来看，如图 2-2-21 所示，京津冀地区、成渝地区、长三角地区以及粤港澳大湾区的人力资源成本比例依次为83.4%、76.6%、70.2%和67.8%。相较而言，京津冀地区人力资源成本比例明显高于其他地区，销售成本比例明显低于其他地区，仅为4.4%。粤港澳大湾区的管理成本比例明显高于其他地区，为20.7%。

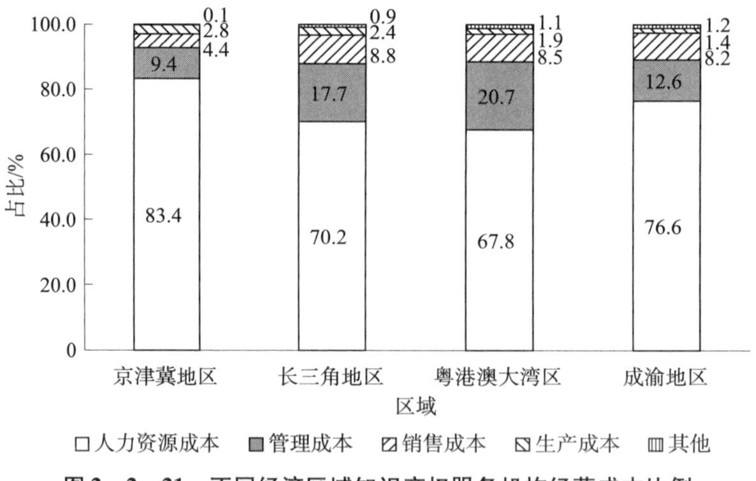

图 2-2-21　不同经济区域知识产权服务机构经营成本比例

注：本题中有效样本量为3044。本题为单选题，百分比之和为100%。

4. 定价因素

如图 2-2-22 所示，在知识产权服务定价首要影响要素相关调查中，选择竞争压力、经营成本、服务质量、市场需求和其他的比重分别是 32. 0%、26. 6%、22. 6%、18. 0%和 0. 9%。

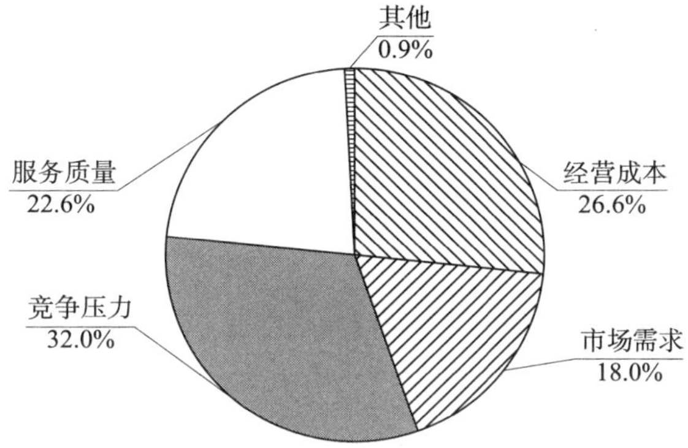

图 2 –2 –22　服务定价的首要影响因素所占比例

注：本题中有效样本量为 3044。本题为单选题，百分比之和为 100%。

如图 2 –2 –23 所示，京津冀地区的知识产权服务机构中认为经营成本和服务质量是服务定价首要影响因素的比例分别为 40. 0%和 33. 3%，远高于其他地区。相较而言，粤港澳大湾区、成渝地区和长三角地区的机构中认为竞争压力是服务定价首要影响因素，比例分别为 42. 2%、40. 4%和 39. 9%。

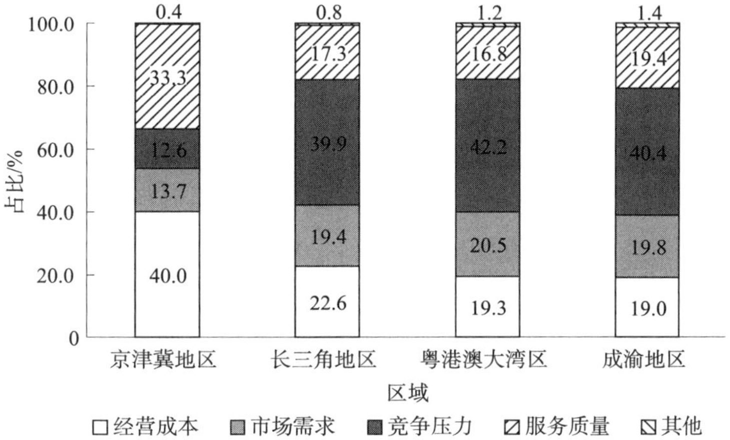

图 2 –2 –23　不同经济区域知识产权服务机构服务定价首要影响因素比例

注：本题中有效样本量为 3044。本题为单选题，百分比之和为 100%。

第三部分　重点业务类型发展状况

2022年知识产权服务业调查工作利用问卷调查数据以及国家知识产权局行政数据，对知识产权代理服务、知识产权法律服务、知识产权运营服务、知识产权信息服务等重点业态进行分析。数据显示，2021年从事各种类型业务的知识产权服务机构在数量上均持续增长，同时在成立时间分布、从业人员结构以及面临市场问题等方面表现出了不同特征。

一、知识产权代理服务

（一）专利代理服务

1. 机构总体情况

（1）数量趋势

如图3-1-1所示，2012年之后，全国专利代理机构数量快速增长。2013年，全国专利代理机构数量接近1000家。2014年，新增专利代理机构数量突破100家。从2016年开始，专利代理机构数量进入高速增长阶段，年增长率均超过20%。截至2021年底，专利代理机构总量达到3934家，与2020年相比，专利代理机构数量增加量超过600家，年增长率为20.9%。

（2）区域分布

截至2021年底，各省（区、市）专利代理机构数量存在着较大差异。专利代理机构的区域分布情况与各省（区、市）专利申请量基本吻合，东部及沿海经济发达地区专利代理机构较多。其中，北京专利代理机构数量居全国之首，共845家，占全国专利代理机构总数的21.6%；广东位列第二，共634

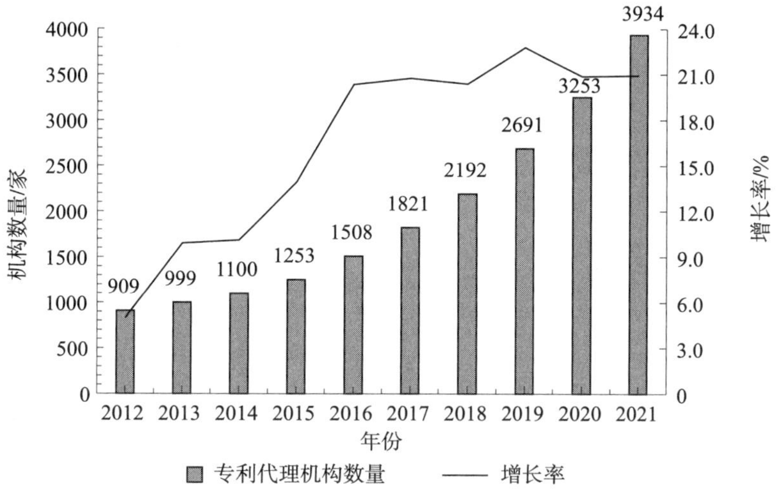

图 3-1-1　2012~2021 年我国专利代理机构数量变化情况

家，占全国专利代理机构总数的 16.2%；江苏、浙江、上海分别为 424 家、286 家、265 家，分别占全国专利代理机构总数的 10.8%、7.3%、6.7%。山东、四川、安徽、河南专利代理机构数量均超过 100 家，分别为 174 家、152 家、136 家、106 家。新疆、内蒙古、海南、宁夏、青海、西藏的专利代理机构数量均不足 10 家。

2021 年，全国新设专利代理机构 734 家，其中北京、广东、江苏新设专利代理机构均超过 100 家，分别以新设 123 家、109 家、104 家位列前三，浙江、上海分别以新设 62 家和 56 家排在第四、第五位。山东、安徽、四川、湖北、福建、重庆新设专利代理机构均在 20 家以上。河南、河北、陕西、湖南、天津新设专利代理机构超过 10 家。专利代理机构集中分布的地区市场需求旺盛，不断有新的专利代理机构涌现。2021 年，广西、甘肃、青海、宁夏、新疆各新设专利代理机构 1 家。

（3）分支机构

截至 2021 年底，全国共有 2237 家专利代理机构分支机构。其中北京代理机构的分支机构最多，共有 1154 家；其次是广东代理机构，共设立了 416 家分支机构；江苏位列第三，设立分支机构数量为 148 家；浙江排名第四，设立分支机构数量为 113 家。上海、山东、四川代理机构设立的分支机构均超过 60 家。山西、吉林、天津、贵州、广西的代理机构设立的分支机构均不足 5 家。

从分支机构的分布上看，专利代理机构设立分支机构更青睐于广东、江苏、浙江、山东、安徽、湖北等经济发达地区。上述区域的分支机构均超过 100 家，其中位于广东的分支机构最多，达到 415 家。其次是江苏，共计 309 家分支机构；浙江位列第三，有 225 家分支机构；位于山东的分支机构有 172 家；安徽、湖北分别有 139 家、101 家分支机构，排名第四、第五位。

（4）成立年限分布

如图 3-1-2 所示，在全国 3934 家专利代理机构中，按专利代理机构的成立年限来看，成立时间 20 年以上的专利代理机构有 316 家，占全国专利代理机构总量的 8.0%；成立时间在 10~20 年（满 10 年不足 20 年，以下同此划分方式）的专利代理机构为 509 家，占比 12.9%；成立时间在 5~10 年的专利代理机构为 626 家，占比 15.9%；成立 3~5 年的专利代理机构为 659 家，占比 16.8%；成立时间不足 3 年的专利代理机构为 1824 家，占比 46.4%。

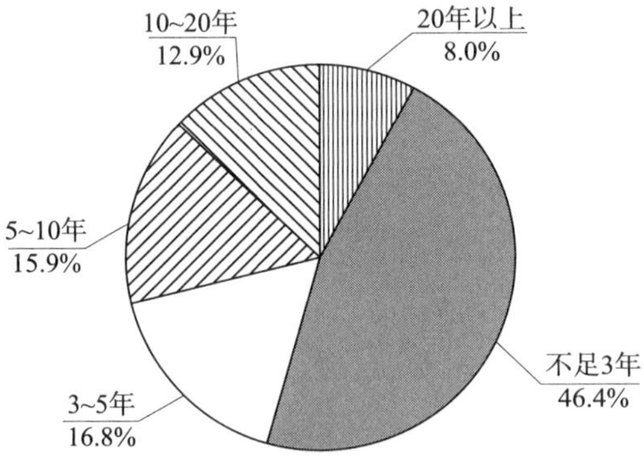

图 3-1-2 专利代理机构成立年限分布

从数据上可以看出，316 家专利代理机构成立时间已经超过 20 年，显示越来越多的专利代理机构注重品牌建设，保持稳定性和延续性。成立时间超过 10 年的代理机构有 825 家，占比超过两成，显示我国专利代理行业有坚实的基础，处于平稳有序健康发展阶段。新增代理机构增长迅速，近两年内新成立的代理机构共有 1326 家，约占三成，显示我国当前专利代理行业发展势头迅猛。

（5）规模分布

如图 3-1-3 所示，在全国 3934 家专利代理机构中，执业专利代理师 10

人以内的专利代理机构共 3356 家，约占专利代理机构总数的 85. 3%。其中，执业专利代理师少于 3 人的专利代理机构共 1104 家，3 ~ 5 人的共 1504 家，5 ~ 10 人的共 748 家。执业专利代理师在 10 ~ 20 人的专利代理机构共 392 家，占专利代理机构总数的 10. 0%，较 2020 年的 353 家增加了 39 家，占比下降了 0. 9 个百分点；执业专利代理师 20 ~ 50 人的专利代理机构共 143 家，数量较 2020 年的 131 家增加了 12 家。执业专利代理师 50 人以上的专利代理机构数量共43 家，这些机构主要分布在北京（33 家）和广东（7 家），上海（2 家）和江苏（1 家）也有少量分布。

（6）组织形式分布

如图 3 – 1 – 4 所示，在全国 3934 家专利代理机构中，合伙制代理机构 2723 家，占 69. 2%，与 2020 年相比，数量上增加了 559 家，占比增长了 2. 7 个百分点；有限责任制代理机构 945 家，占 24. 0%，与 2020 年相比，数量上增加 116 家，占比下降了 1. 5 个百分点；开办专利代理业务的律师事务所 223 家，占 5. 7%，与 2020 年相比，数量上增加了 6 家，占比下降了 1. 0 个百分点；国防及其他专利代理机构 43 家，占 1. 1%。

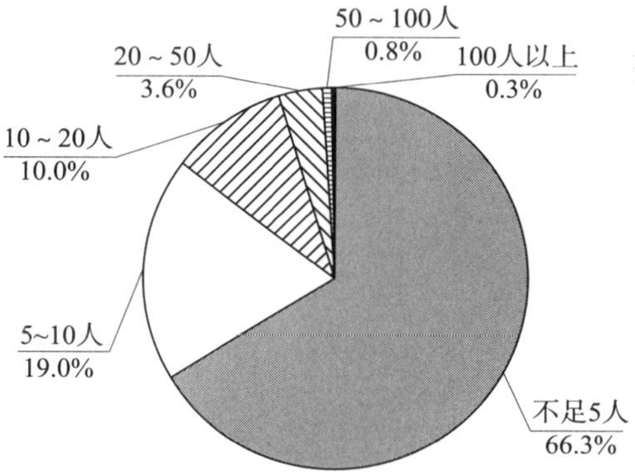

图 3 – 1 – 3　专利代理机构执业专利代理师数量分布

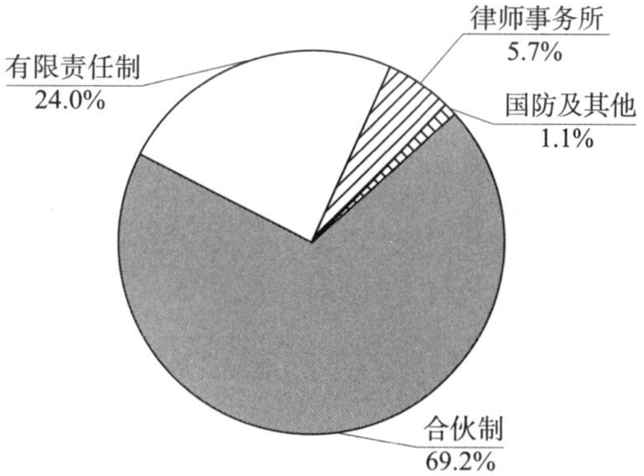

图 3 – 1 – 4　专利代理机构组织形式分布

（7）注销情况

2021 年，53 家专利代理机构注销了专利代理机构注册证。这些机构分布在广东、北京、上海、浙江、四川、江苏、河南、重庆、河北、安徽、福建、江西、山东、陕西这 14 个省（区、市），其中广东 13 家，北京 11 家，上海、浙江、四川各 5 家，江苏 4 家，河南、重庆各 2 家，河北、安徽、福建、江西、山东、陕西各 1 家。

2. 从业人员情况

随着我国专利申请量和专利代理业务需求的快速增长，专利代理人才队伍也不断壮大，截至 2021 年底，我国执业专利代理师已达到 26840 人。

（1）专利代理师数量变化

如图 3－1－5 所示，截至 2021 年底，我国取得专利代理师资格的人数达到 60369 人❶，同比增长 13.7%。如图 3－1－6 所示，2021 年执业专利代理师达 26840 人，同比增长 15.7%。2012～2021 年，我国取得专利代理师资格的人员不断增加，执业队伍呈持续增长趋势，体现了我国专利代理行业人员规模蓬勃发展的良好态势。

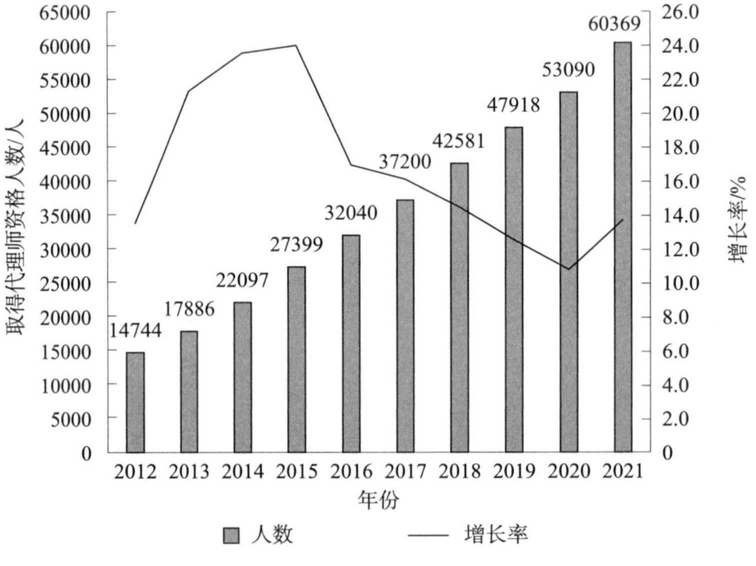

图 3－1－5　2012～2021 年取得专利代理师资格人数变化情况

如图 3－1－6 所示，2012～2021 年，执业专利代理师数量整体也呈现快速增长的趋势。2012 年，执业专利代理师数量为 8049 人，2013 年，执业专利代理师数量增至 8950 人，2014 年执业专利代理师数量突破 1 万人，2015 年新增

❶ 数据来源：国家知识产权局。

超过 2000 人，增长率高达 20.7%。2016 年新增达到 2249 人，增长率为 17.8%。2017 年，执业专利代理师数量增至 16367 人。2019 年，执业专利代理师数量突破 2 万人，达到 20192 人。2020 年执业专利代理师数量继续快速增长，达到 23193 人，新增人数突破 3000 人。2021 年，执业专利代理师数量保持快速增长态势，新增人数 3647 人，执业专利代理师数量达到 26840 人，较 2020 年增长了 15.7%。执业专利代理师数量持续快速增长，显示我国专利代理行业呈现人员规模持续扩大的良好势头。

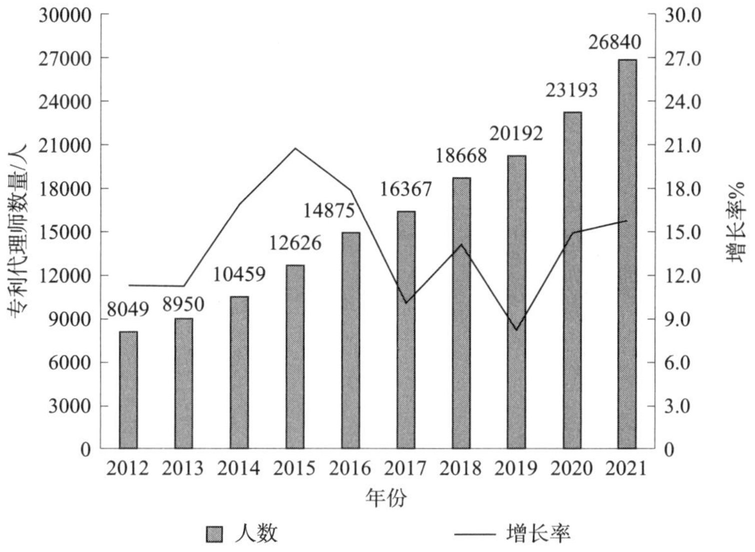

图 3－1－6　2012～2021 年执业专利代理师人数变化情况

（2）专利代理师区域分布

如图 3－1－7 所示，专利代理师主要分布在东部的北京、广东、江苏、上海、浙江五地，其中北京执业专利代理师共 9742 人，取得专利代理师资格的人数同样排名第一，共 15303 人。广东排名第二，执业专利代理师共 3758 人，取得专利代理师资格的共 8097 人。江苏执业专利代理师的数量及取得专利代理师资格的人数分别为 2100 人、6232 人，位列第三。上海执业专利代理师共 1749 人，共有 4385 人取得专利代理师资格。浙江执业专利代理师 1359 人，共有 2861 人取得专利代理师资格。东部地区的山东、福建、天津、河北，西部地区的四川、重庆、陕西，中部地区的安徽、湖北、河南、湖南，东北地区的辽宁的执业专利代理师较多，数量均超过 300 人。

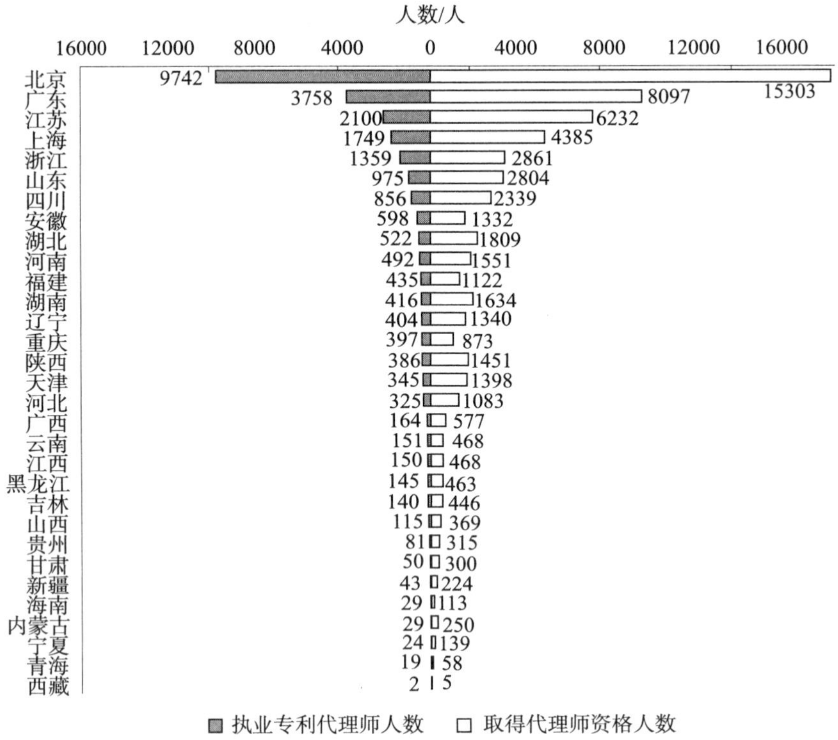

图 3 - 1 - 7　2021 年各省（区、市）执业专利代理师与取得专利代理师资格人数

（3）执业专利代理师学历分布

如图 3 - 1 - 8 所示，在 26840 位执业专利代理师中，本科学历的共 14428 人，占比超过一半，为 53.7%；硕士学历的执业专利代理师为 10213 人，占比 38.1%；博士学历的人员为 758 人，占比 2.8%；专科学历的执业专利代理师为 1403 人，占比 5.2%。由此可见，在目前我国执业专利代理师队伍中，具有本科及以上学历的执业专利代理师占比达到 94.6%，显示当前我国执业专利代理师队伍为高学历群体。

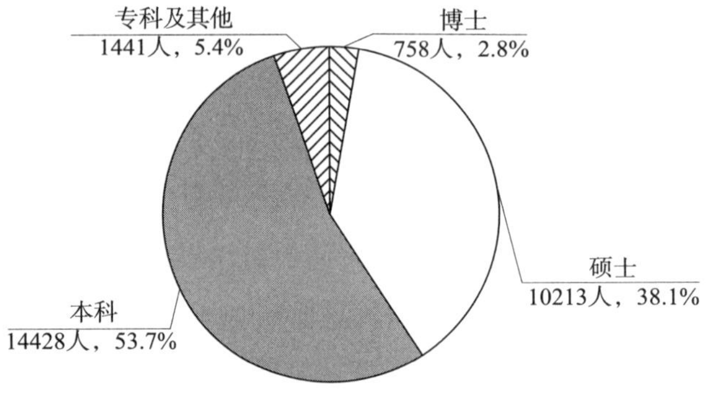

图 3 - 1 - 8　执业专利代理师学历分布

（4）执业专利代理师年龄分布

如图 3－1－9 所示，对 26840 位执业专利代理师进行分析，执业专利代理师的年龄主要集中在 26～45 岁，人数达 21230 人，占比 79.1%，人数和占比较 2020 年分别增加了 3048 人和 0.7 个百分点；其中年龄处在 26～35 岁的执业专利代理师数量最多，共 11502 人，占比 42.9%，年龄处于 36～45 岁的执业专利代理师共有 9728 人，占比 36.2%，可以看出执业专利代理师的主力军为中青年。另外，年龄处于 46～55 岁、56～65 岁和超过 65 岁的执业专利代理师分别为 2567 人、1108 人、1864 人，占比分别为 9.6%、4.1% 和 6.9%，与 2020 年相比，56 岁以上的执业专利代理师人数增加了 160 人，占比下降了 1.1 个百分点。

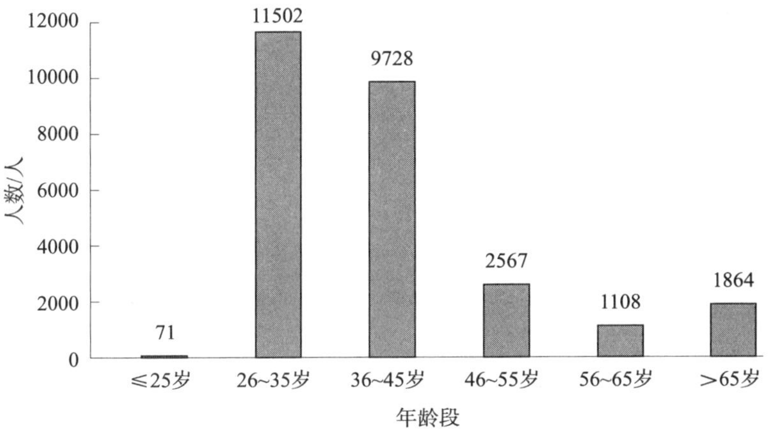

图 3－1－9　执业专利代理师年龄分布

（5）执业专利代理师执业年限分布

如图 3－1－10 所示，对 26840 位执业专利代理师进行分析，近半数的执业专利代理师的执业年限超过 5 年，具有丰富的专利代理经验。其中，执业年限在 5～10 年的执业专利代理师共 7075 人，占比为 26.3%，人数较 2020 年增加了 883 人，占比较 2020 年下降 0.3 个百分点；执业年限在 10～20 年的执业专利代理师有 3677 人，占比为 13.7%，人数较 2020 年增加了 242 人，占比较 2020 年下降 1.1 个百分点；执业年限 20 年以上的执业专利代理师有 2097 人，占比为 7.8%，人数较 2020 年增加了 65 人，占比较 2020 年下降 0.9 个百分点。随着新生力量的不断加入，执业专利代理师队伍逐渐壮大，近 5 年入行的执业专利代理师有 13991 人；其中，2021 年入行的执业专利代理师有 3906 人，占 14.6%，人数较 2020 年增加了 2147 人，占比较 2020 年增长 7.0 个百分点。

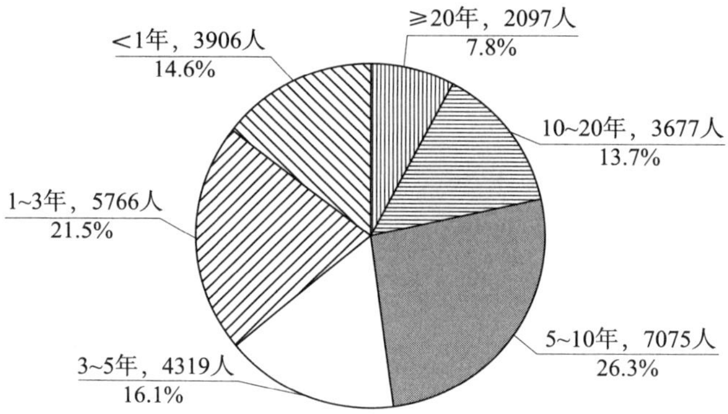

图 3－1－10　执业专利代理师执业年限分布

（6）专利诉讼代理人情况

中华全国专利代理师协会公布的 2021 年第三期诉讼代理人名单数据显示，截至 2021 年底，共推荐了 3845 名诉讼代理人。其中，北京地区人数最多，达到 1744 人，占总人数的 45.4%；广东、上海、江苏、浙江、山东、湖北的人数均超过 100 人。

（7）专利代理师资格考试情况

专利代理师资格考试自 1992 年起至今已成功举办 23 次，为知识产权事业的发展不断遴选和输送优秀专业人才。2021 年，全国共有 47511 人报名考试，受疫情影响，部分考点考试取消，其余考点考试延期至 2022 年 1 月举行，2931 人通过考试取得专利代理师资格。

如图 3－1－11 所示，专利代理师资格考试报名人数呈现逐年递增的趋势。近年来，随着创新驱动发展战略实施和知识产权强国建设深入，科技创新不断加强，知识产权事业快速发展，吸引了越来越多的优秀人才报名参加专利代理师资格考试。近十年专利代理师资格考试报名人数出现了两次快速增长周期：第一次为 2012～2014 年，增长率均在 20.0% 以上。第二次为 2018 年，报名人数新增 6000 余人，与 2017 年相比，增长了 20.5%。2021 年专利代理师资格考试报名人数再创新高，达到 47511 人。

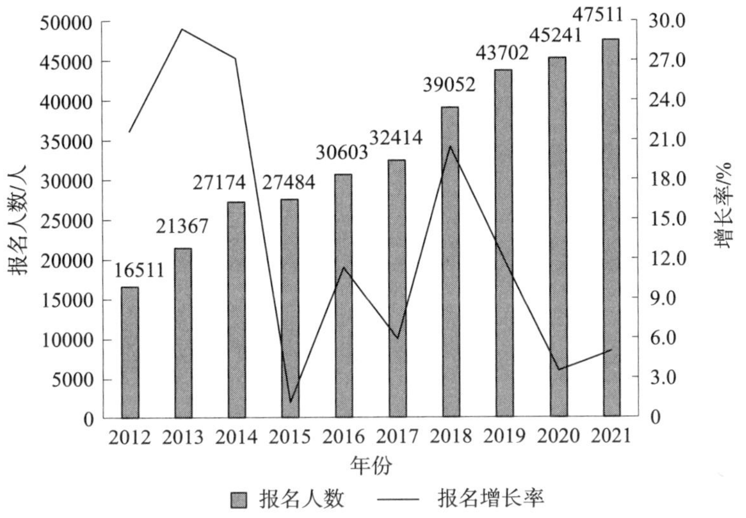

图 3－1－11　2012～2021 年专利代理师资格考试报名情况

如图 3－1－12 所示，2012～2019 年，专利代理师资格考试通过率虽略有下降，但考试通过人数逐年小幅增加。2020 年有 7300 余人，报名通过率回升至 16.3%。受疫情影响，仅 25 个考点城市完成了 2021 年度专利代理师资格考试，涉及报名人数约 2.34 万人，考试通过人数 2931 人，报名通过率约为 12.5%。

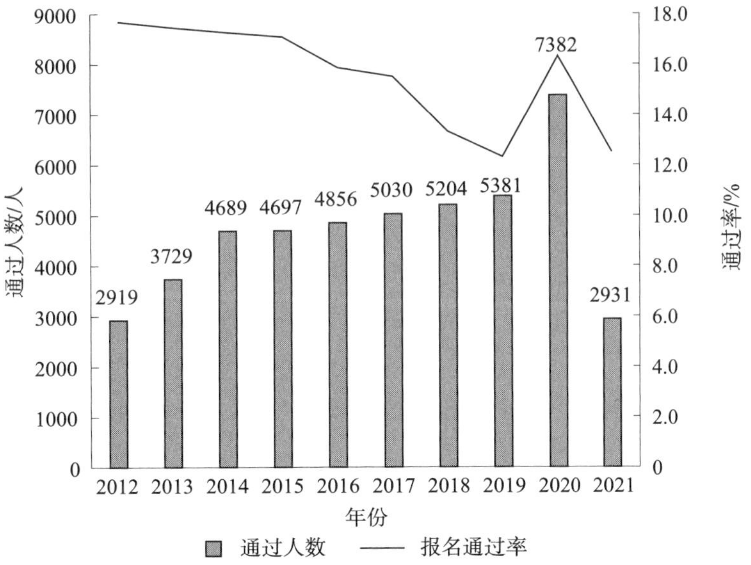

图 3－1－12　2012～2021 年专利代理师资格考试通过情况

自 2004 年起，允许香港特别行政区、澳门特别行政区居民参加内地专利代理师资格考试；2011 年，向台湾地区居民开放考试。2021 年度专利代理师资格考试首次在香港设立了考点，以更好地满足考生就近参加考试的需求。截至 2022 年，累计有 76 名香港特别行政区考生、1 名澳门特别行政区考生和 526 名台湾地区考生通过了考试。

（8）新入职人员情况

调查显示，2021 年招入新入职人员的专利代理机构比例为 68.5%，其中，一半以上录用了应届毕业生。

在录用应届毕业生的专利代理机构中，有 92.4% 的机构新入职人员包含大学本科及以上学历人员，其中，有 51.3% 的机构新入职人员包含重点高校毕业生。

3. 业务开展情况

2021 年专利代理机构创造经济效益进一步提升，总营业收入为 437.5 亿元，同比增长 4.1%。专利代理机构有力支撑创新主体创新活动，我国三种专利代理率达到 80.2%，其中发明专利代理率为 86.2%。[1] 2021 年，专利代理机构共为 39.9 万家企业申请人提供服务，占全部企业申请人的 84.1%。

调查显示，30.0% 的专利代理机构主要服务于本地市内的客户，44.2% 的专利代理机构仅面向省内客户，83.6% 的专利代理机构仅面向国内客户，16.4% 的专利代理机构为海外客户提供知识产权服务。在专利代理机构中，62.3% 的知识产权代理机构向我国机构或个人提供涉外知识产权服务。

调查显示，29.4% 的知识产权代理服务机构计划在下一年度招录有海外知识产权服务经验的工作人员以提高涉外服务能力。

4. 市场与发展情况

如图 3－1－13 所示，在专利代理机构发展面临问题的调查中，76.4% 的机构选择市场恶性竞争，表现为低质低价竞争；43.8% 的机构选择市场需求不足，选择高端人才稀少、经营税费负担重、政府基础公共服务供给不足、人员流动性过高的机构比例分别为 29.6%、25.6%、22.9% 和 20.7%；选择缺乏

---

[1] 数据来源：国家知识产权局。

服务标准规范的机构占比最小，为16.2%。

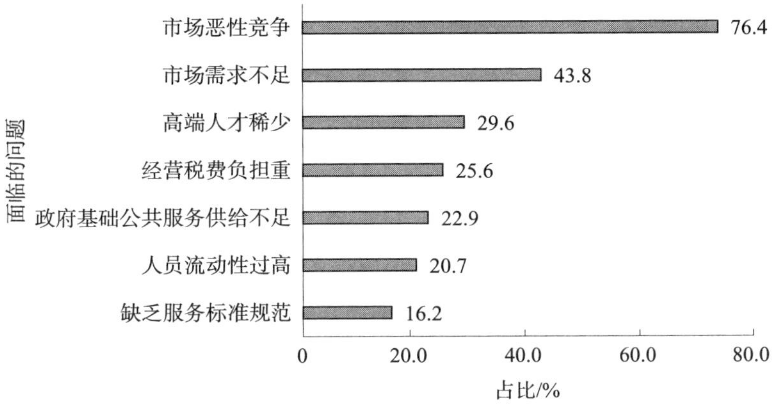

图3－1－13　专利代理机构发展面临的问题

注：本题有效样本量为1519。本题为多选题，百分比之和大于100%。

如图3－1－14所示，有59.4%和55.6%的专利代理机构期待政府加强税赋减免和财政资助政策；有29.9%的机构期待政府加强人员培训政策；期待加强场所提供、投资引入、高端人才引进、荣誉或奖励政策的机构比例分别为20.7%、18.6%、15.5%、15.0%；期待政府加强人才就业安置政策的机构比例相对较低，为11.8%。

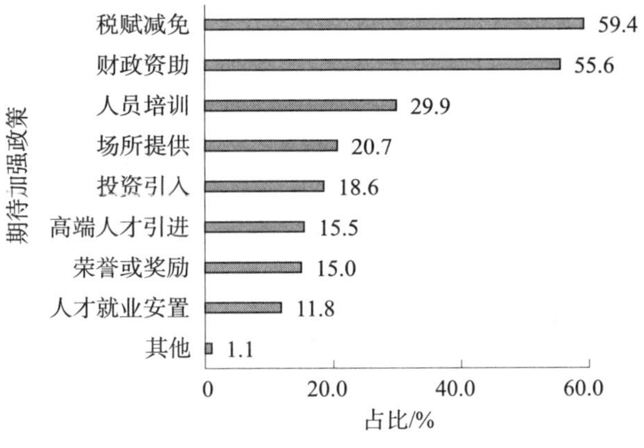

图3－1－14　专利代理机构期待加强的政策情况

注：本题有效样本量为1519。本题为多选题，百分比之和大于100%。

（二）商标代理服务

1. 机构总体情况

如图3-1-15所示，截至2021年底，在国家知识产权局商标局备案的商标代理机构达63859家，较2020年增长14.9%。

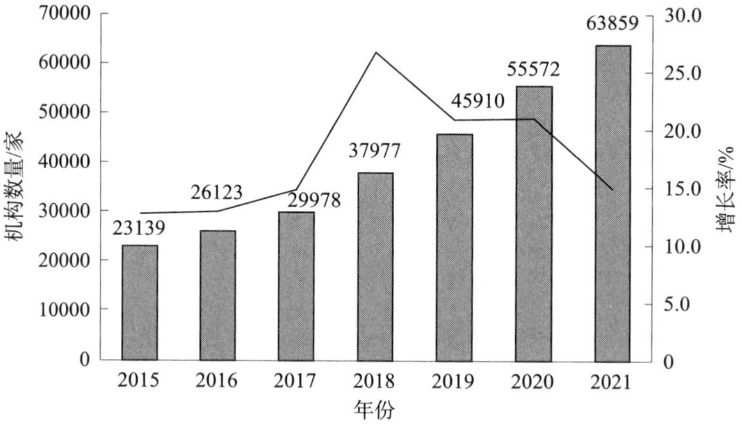

图3-1-15 我国商标代理机构数量情况

从商标代理机构的地区分布来看，东部地区（68.1%）分布占比最高，然后依次为西部地区（14.4%）、中部地区（13.9%）、东北地区（3.6%）。

2. 从业人员情况

2021年备案的商标代理机构从业人员总数超过40万人，其中，女性从业人员比例为53.3%，男性从业人员比例为46.7%；研究生以上学历从业人员比例为39.5%。

从新入职人员情况来看，调查显示，2021年招入新入职人员的商标代理机构比例为51.8%，其中，有54.5%通过招聘活动录用了应届毕业生。在录用应届毕业生的商标代理机构中，有87.4%的机构新入职人员包含大学本科及以上学历人员，其中，有48.3%的机构新入职人员包含重点高校应届毕业生。

3. 业务开展情况

2021 年，我国商标申请代理率为 90.6%[1]。调查显示，26.2% 的商标代理机构主要服务于本地市内的客户，41.3% 仅面向省内客户，仅面向国内客户的为 86.7%，13.3% 服务面向海外及国内客户。20.7% 的商标代理机构向我国机构或个人提供了涉外知识产权服务。

调查显示，10.1% 的商标代理机构计划在下一年度招录有海外知识产权服务经验的工作人员以提高涉外知识产权服务能力。

4. 市场与发展情况

如图 3-1-16 所示，在商标代理机构中，有 82.3% 的机构认为发展中遇到的主要问题是市场恶性竞争，其次为市场需求不足，占 43.7%；认为是高端人才稀少、经营税费负担重、人员流动性过高的比例分别为 22.4%、22.0%、20.7%；认为是政府基础公共服务供给不足、缺乏服务标准规范的所占比例较小，分别为 18.0% 和 17.2%。

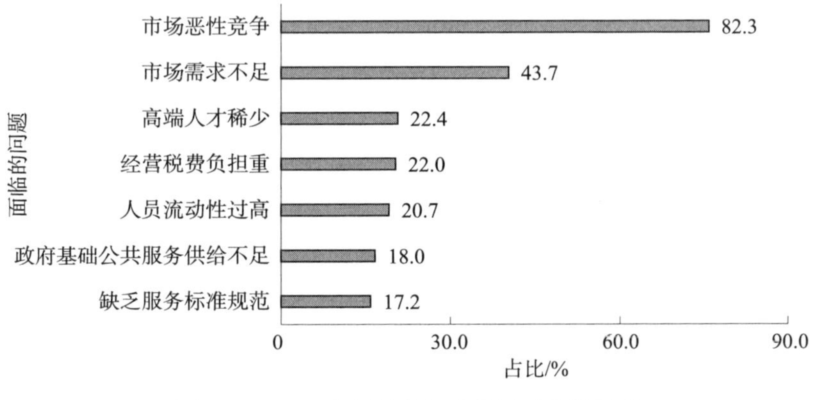

图 3-1-16　商标代理机构发展面临的问题

注：本题有效样本量为 2710。本题为多选题，百分比之和大于 100%。

如图 3-1-17 所示，在商标代理机构中，有 61.1% 和 57.6% 的机构期待政府加强税赋减免和财政资助政策；有 29.6% 和 21.8% 的机构期待政府加强人员培训和场所提供政策；期待加强荣誉或奖励、投资引入、高端人才引进等

---

[1] 商标申请代理率数据由报告编写组利用国家知识产权局知识产权运用促进司及商标局提供的基础数据计算得到。

政策的比例分别为 15.4%、14.7%、10.9%；期待政府加强人才就业安置政策的比例相对较低，为 9.6%。

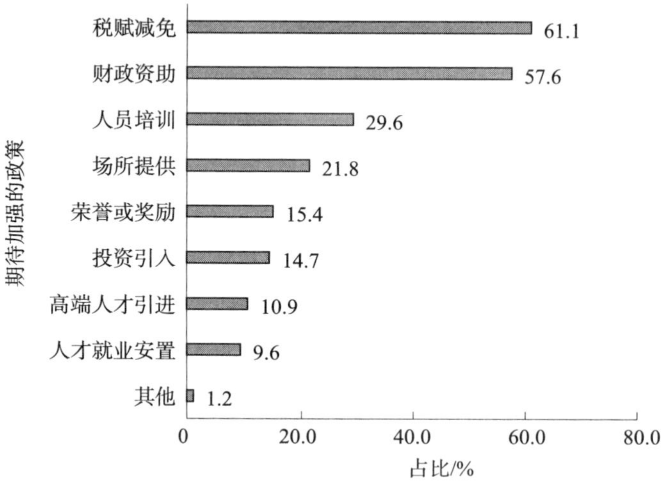

图 3-1-17　商标代理机构期待加强的政策情况

注：本题有效样本量为 2710。本题为多选题，百分比之和大于 100%。

（三）地理标志代理服务

按照现行相关规定，地理标志保护产品申请由县级以上人民政府指定的申请机构或认定的协会和企业向省级知识产权管理部门提出，省级知识产权管理部门初审通过后提交国家知识产权局，未有代理机构相关制度安排。目前少数机构从事申报材料编制或品牌策划宣传等相关服务，尚未形成规模。本报告仅涉及地理标志商标代理服务，有关情况如下：

2021 年代理地理标志商标注册申请的知识产权服务机构有 347 家[1]，共代理地理标志商标注册申请 1513 件，代理率达到 99.0%，比 2020 年代理率（98.5%）提高了 0.5 个百分点。

（四）集成电路布图设计代理服务

2021 年，有 579 家知识产权服务机构代理集成电路布图设计申请，比

[1] 数据来源：国家知识产权局。

2020 年（452 家[1]）增加 28.1%。

2021 年通过专利代理机构申请的集成电路布图设计案件有 13025 件，代理量比 2020 年（9466 件）增加 37.6%，代理率达到 64.2%。

二、知识产权法律服务

知识产权法律服务主要包括知识产权维权服务、法律援助服务、诉讼与应诉服务、公证服务、尽职调查服务以及其他知识产权法律服务等内容。近年来，我国持续发展知识产权法律服务，鼓励拓展企业上市、并购、重组、清算、投融资等商业活动中的知识产权法律服务，加强知识产权尽职调查服务，完善中小微型企业知识产权法律援助服务，拓展海外知识产权维权服务，不断提升知识产权服务机构熟悉和运用国际规则的能力，维护市场主体的合法权益，增强国际竞争力。

（一）机构整体情况

如图 3－2－1 所示，2021 年，从事知识产权法律服务的机构超过 1.4 万家[2]。从地区分布来看，从事知识产权法律服务的机构主要位于东部地区，占比为 58.7%。其他依次为西部地区（18.2%）、中部地区（16.5%）、东北地区（6.6%）。

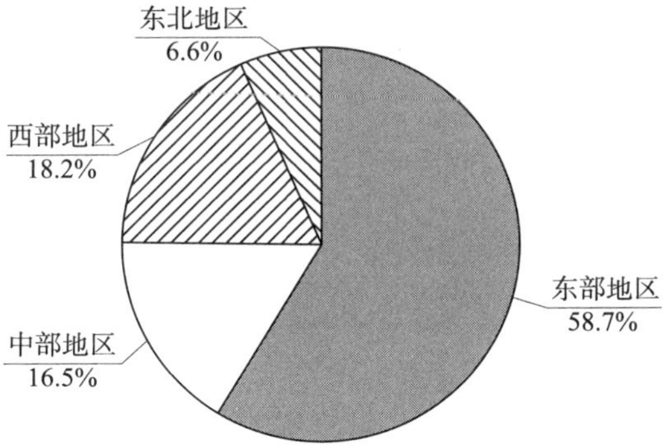

图 3－2－1　知识产权法律服务机构地区分布的情况

---

[1] 数据来源：国家知识产权局。

[2] 数据来源：北大法宝数据库、历年知识产权服务业调查数据、专利商标代理机构行政数据库等。

如图 3-2-2 所示，专利（69.3%）、商标（27.2%）是知识产权法律服务机构最主要的服务范围，合计占比 96.5%；版权（1.8%）、商业秘密（0.9%）、地理标志（0.2%）及植物新品种权（0.2%）所占比例较低。

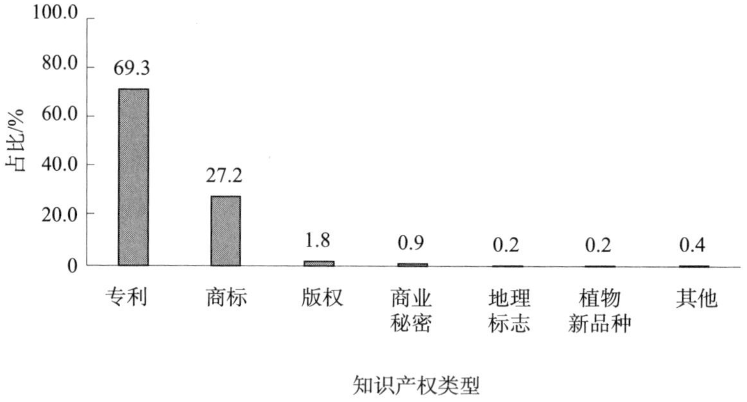

图 3-2-2　知识产权法律服务机构主营业务分布

注：本题中有效样本量为 556。本题为单选题，百分比之和为 100%。

如图 3-2-3 所示，知识产权法律服务机构成立时间不足 5 年的机构占比 12.2%，成立 20 年以上的机构达到 29.2%。

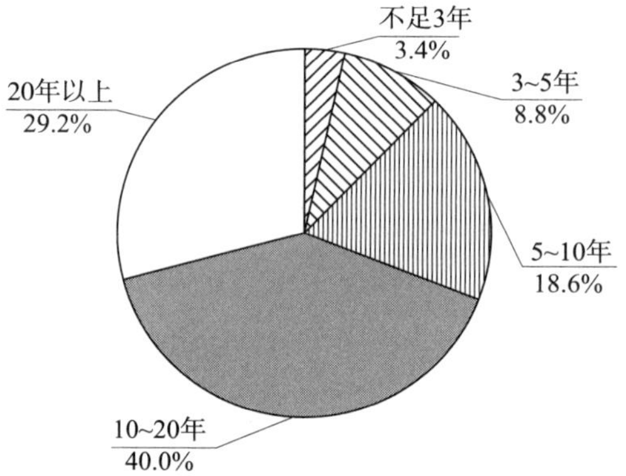

图 3-2-3　知识产权法律服务机构成立年限分布

（二）从业人员情况

调查显示，2021 年，我国从事知识产权法律服务的机构中，最近一年实际开展了知识产权诉讼业务的律师平均为 4.4 人，占机构平均从业人员的比例为 8.9%。

在从事知识产权法律服务的机构中，女性从业人员比例为 54.7%，高于男性从业人员 9.4 个百分点。

知识产权法律服务机构研究生以上学历平均从业人员数量为 20.4 人，占机构平均从业人员的比例为 41.0%。

（三）业务开展情况

调查显示，在从事知识产权法律服务的服务机构经营成本构成中，人力资源成本、管理成本、销售成本、生产成本和其他成本的比重分别是 73.3%、17.3%、5.6%、2.7% 和 1.1%。

如图 3-2-4 所示，从主要开展的知识产权诉讼业务来看，83.8% 的知识产权法律服务机构开展了知识产权权属、侵权纠纷业务，32.4% 的知识产权法律服务机构开展了知识产权不正当竞争纠纷业务，27.9% 的知识产权法律服务机构开展了知识产权合同纠纷业务。

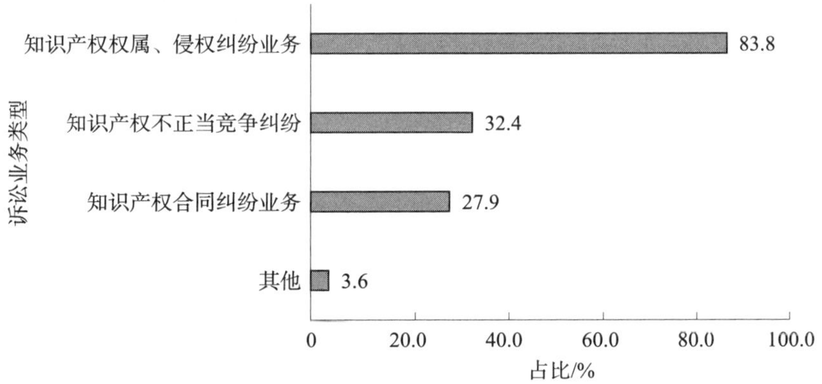

图 3-2-4　知识产权法律服务机构主要开展的知识产权诉讼业务

注：本题有效样本量为 556。本题为多选题，百分比之和大于 100%。

调查显示，在从事知识产权法律服务的机构中，有 19.4% 主要服务于本地市内的客户，有 34.0% 仅面向省内客户，有 69.3% 仅面向国内客户，有 30.7% 为海外客户提供知识产权服务。

调查显示，有 71.6% 的知识产权法律服务机构向我国机构或个人提供涉外知识产权服务，31.7% 的知识产权法律服务机构计划在下一年度招录有海外知识产权服务经验的工作人员以提高涉外知识产权服务能力。

（四）市场与发展情况

如图 3－2－5 所示，在主要业务类型为知识产权法律服务的机构中，有 76.3% 的机构认为发展中遇到的主要问题是市场恶性竞争；其次为市场需求不足和高端人才稀少，分别占 41.9% 和 33.6%；认为是人员流动性过高、经营税费负担重的比例均为 30.0%；认为是缺乏服务标准规范和政府基础公共服务供给不足的比例分别为 22.3% 和 21.0%。

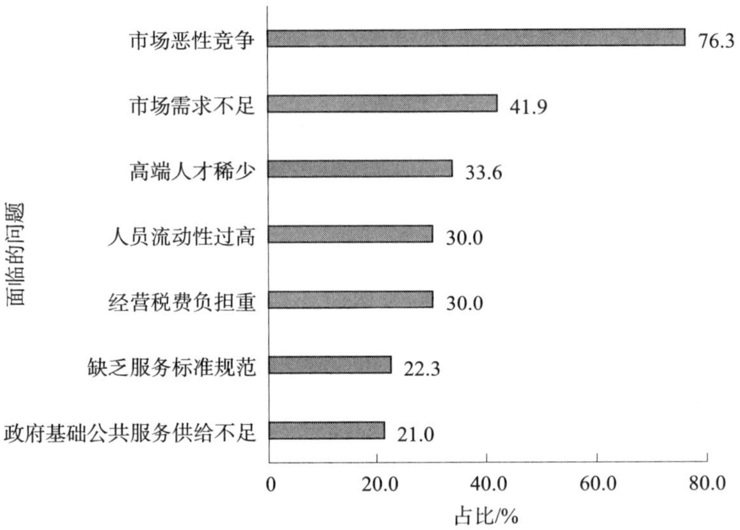

图 3－2－5　知识产权法律服务机构发展面临的问题

注：本题有效样本量为 556。本题为多选题，百分比之和大于 100%。

如图 3－2－6 所示，在从事知识产权法律服务的机构中，有 64.6% 和 57.4% 的机构期待政府加强税赋减免和财政资助政策；有 33.6% 的机构期待政府加强人员培训政策；期待加强场所提供、荣誉或奖励、高端人才引进、投资引入政策的比例分别为 23.6%、20.0%、18.0%、16.0%；期待政府加强人才就业安置政策的比例相对较低，为 12.4%。

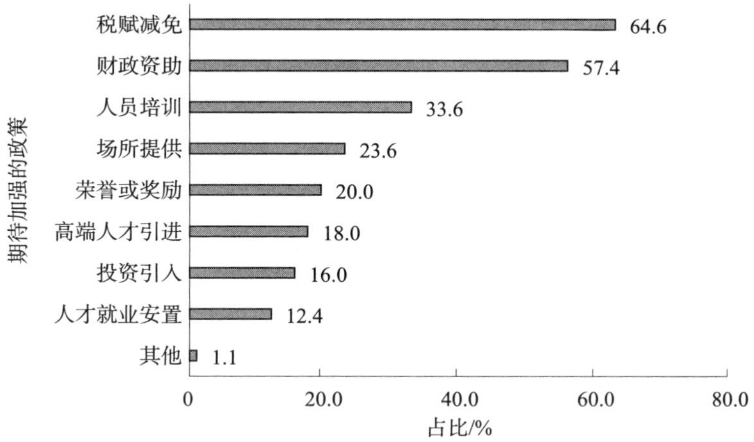

图 3-2-6　知识产权法律服务机构期待加强的政策情况

注：本题有效样本量为 556。本题为多选题，百分比之和大于 100%。

三、知识产权运营服务

知识产权运营服务主要包括知识产权评估、交易、转化、投融资、证券化、保险、担保服务以及其他知识产权运营服务。近年来，我国以金融机构、创业投资为主，民间资本广泛参与的知识产权投融资体系初步形成，知识产权评估、交易、转化、质押、投融资、托管等运营服务持续发展，助力市场主体成效显著。

（一）机构整体情况

如图 3-3-1 所示，截至 2021 年底，从事知识产权运营服务的机构超过 6000 家。从上述机构地区分布来看，东部地区（67.8%）占比最高，之后依次为中部地区（18.5%）、西部地区（11.1%）、东北地区（2.6%）。

如图 3-3-2 所示，从主营业务涉及的知识产权类型来看，专利（58.4%）、商标（37.6%）是知识产权运营服务机构最主要的服务范围，合计占比 96.0%；版权（2.3%）所占比例较低。

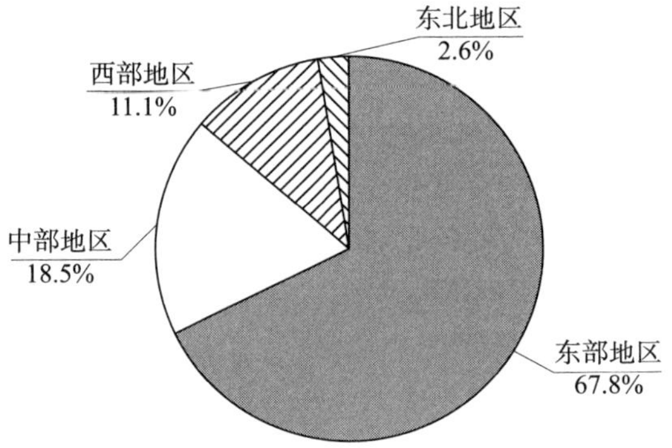

图 3－3－1　知识产权运营服务机构地区分布的情况

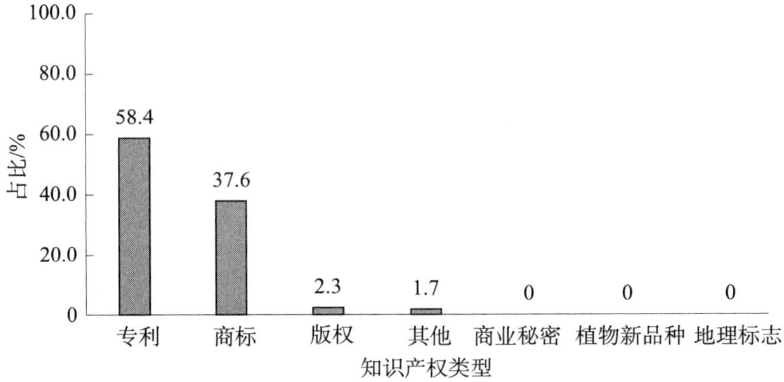

图 3－3－2　知识产权运营服务机构主营业务分布

注：本题中有效样本量为 173。本题为单选题，百分比之和为 100%。

如图 3－3－3 所示，在从事知识产权运营服务的机构中，成立时间在 6 年以内的机构占比 78.2%，成立 20 年以上的机构仅为 1.0%。

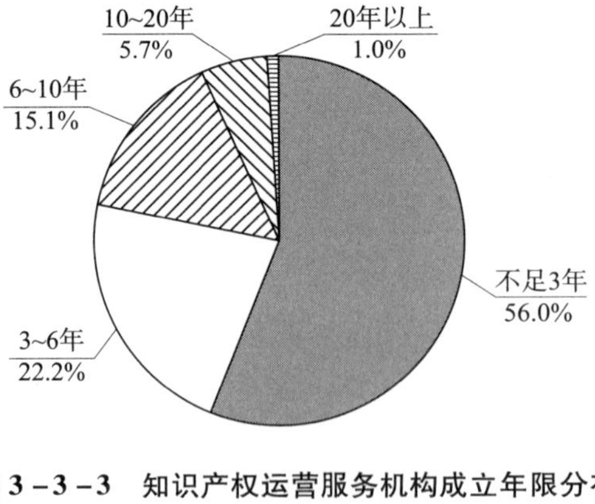

图 3－3－3　知识产权运营服务机构成立年限分布

（二）从业人员情况

调查显示，2021 年，在我国从事知识产权运营服务的机构中，最近一年实际开展了知识产权运营服务的人员平均为 6.4 人，占机构平均从业人员的比例为 24.8%。

在从事知识产权运营服务的机构中，女性从业人员比例为 57.5%，高于男性从业人员 15.0 个百分点。

知识产权运营服务机构的研究生以上学历平均从业人员数量为 10.0 人，占机构平均从业人员的比例为 38.8%。

（三）业务开展情况

调查显示，在从事知识产权运营服务的服务机构经营成本构成中，人力资源成本、管理成本、销售成本、生产成本和其他成本的比重分别是 78.6%、14.5%、4.0%、1.7% 和 1.2%。

如图 3-3-4 所示，84.4% 的知识产权运营服务机构开展了知识产权转让、许可服务，37.0% 开展了商标品牌培育服务，34.1% 开展了专利实施与产业化服务，20.2% 开展了知识产权质押融资与担保服务，5.2% 开展了知识产权保险服务，3.5% 开展了知识产权证券化服务。

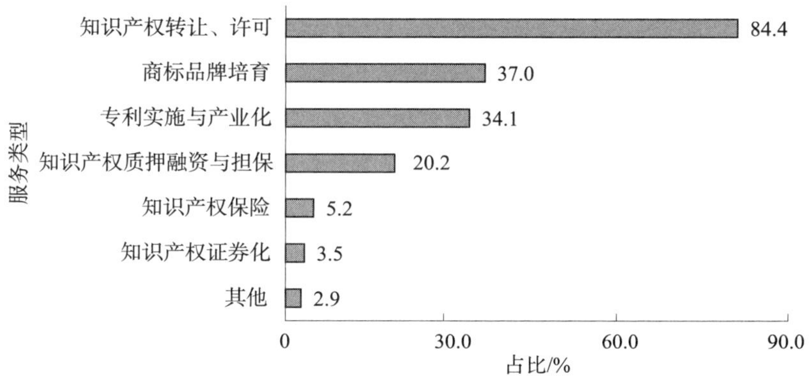

图 3-3-4　知识产权运营服务机构主要开展的服务类型

注：本题有效样本量为 173。本题为多选题，百分比之和大于 100%。

调查显示，从服务客户辐射的地域来看，在从事知识产权运营服务的机构中，有 18.5%的机构仅服务本地市内的客户，有 38.7%仅面向省内客户，有 83.8%仅面向国内客户，有 16.2%服务面向海外客户提供知识产权服务。

调查显示，有 54.9%的知识产权运营服务机构向我国机构或个人提供涉外知识产权服务。同时，22.7%的知识产权运营服务机构计划在下一年度招录有海外知识产权服务经验的工作人员以提高涉外知识产权服务能力。

（四）市场与发展情况

如图 3－3－5 所示，在从事知识产权运营服务的机构中，有 84.4%的机构认为在发展中遇到的主要问题是市场恶性竞争；其次为市场需求不足、高端人才稀少和人员流动性过高，分别占 40.5%、35.8%和 32.9%；缺乏服务标准规范、经营税费负担重和政府基础公共服务供给不足的比例分别为 24.3%、21.4%、20.2%。

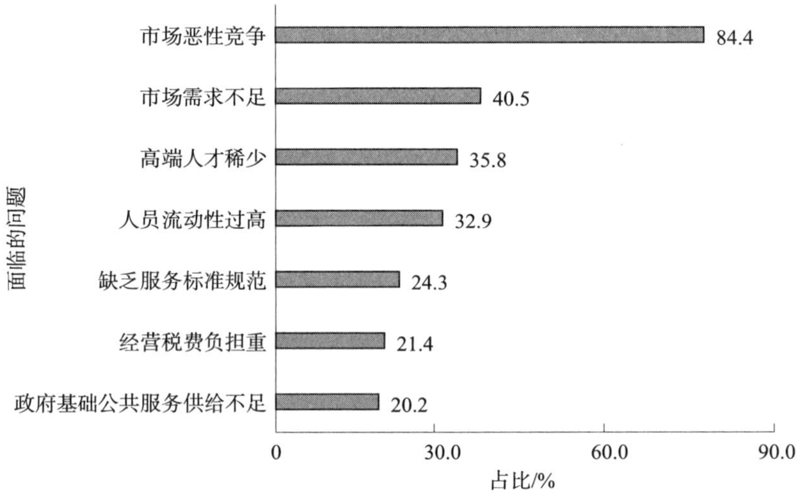

图 3－3－5 知识产权运营服务机构发展面临的问题

注：本题有效样本量为 173。本题为多选题，百分比之和大于 100%。

如图 3－3－6 所示，在从事知识产权运营服务的机构中，有 57.8%和 55.5%的机构期待政府加强税赋减免和财政资助政策；有 40.5%和 30.6%的机构期待政府加强人员培训和场所提供政策；期待加强荣誉或奖励、投资引入、人才就业安置和高端人才引进等政策的比例分别为 20.2%、17.3%、16.2%、12.1%。

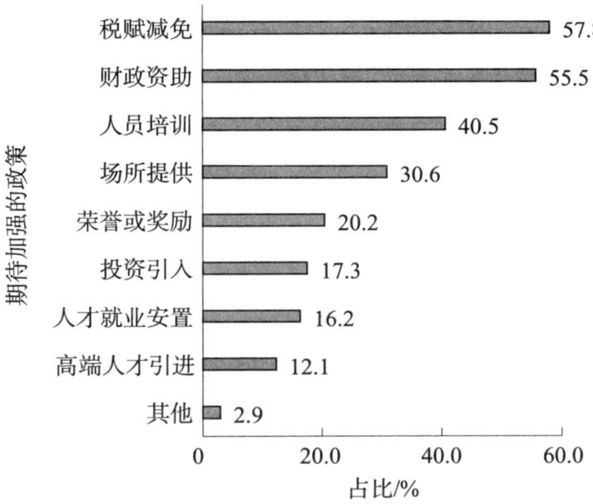

图 3－3－6　知识产权运营服务机构期待加强的政策情况

注：本题有效样本量为 173。本题为多选题，百分比之和大于 100%。

四、知识产权信息服务

知识产权信息服务主要包括知识产权信息检索分析、知识产权文献翻译、数据加工、数据库建设、软件开发、系统集成服务、知识产权分析评议、知识产权导航以及其他知识产权信息服务。近年来，我国知识产权信息服务机构不断涌现。知识产权信息服务机构利用互联网＋、大数据、云计算、区块链、物联网等新技术，开发高端知识产权分析工具，建设专业化知识产权信息服务平台，创新服务模式，有效提高了知识产权信息利用效率。

（一）机构整体情况

调查显示，截至 2021 年底，从事知识产权信息服务的机构超过 1.5 万家。

从地区分布来看，从事知识产权信息服务的机构位于东部地区（72.2%）的占比最高，之后依次为中部地区（12.8%）、西部地区（12.0%）、东北地区（3.0%）。

如图 3－4－1 所示，从事知识产权信息服务的机构中成立时间在 6 年以内的机构占比 67.4%，成立 21 年以上的机构仅有 0.9%。

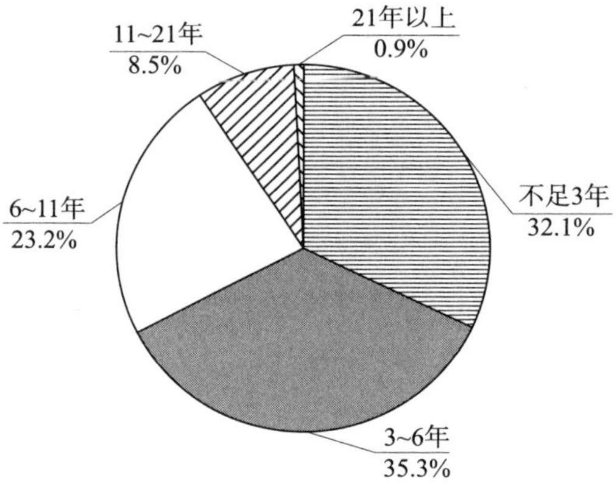

图 3－4－1　知识产权信息服务机构成立年限分布

（二）从业人员情况

调查显示，2021 年，我国从事知识产权信息服务的机构中，最近一年实际开展了知识产权信息服务的人员平均为 6.8 人，占机构平均从业人员的比例为15.7%。

在从事知识产权信息服务的机构中，女性从业人员比例为52.2%，高出男性从业人员 4.4 个百分点。

知识产权信息服务机构研究生以上学历平均从业人员数量为 20.9 人，占机构平均从业人员的比例为 48.4%。

（三）业务开展情况

调查显示，从事知识产权信息服务的机构经营成本构成中，人力资源成本、管理成本、销售成本、生产成本和其他成本的比重分别是 75.7%、15.7%、5.4%、2.8%和0.4%。

如图 3－4－2 所示，专利、商标是从事知识产权信息服务的机构业务的主要类型。其中，专利（65.5%）、商标（29.7%）共占据九成多，版权（2.5%）、商业秘密（0.4%）、地理标志（0.3%）所占比例较低。

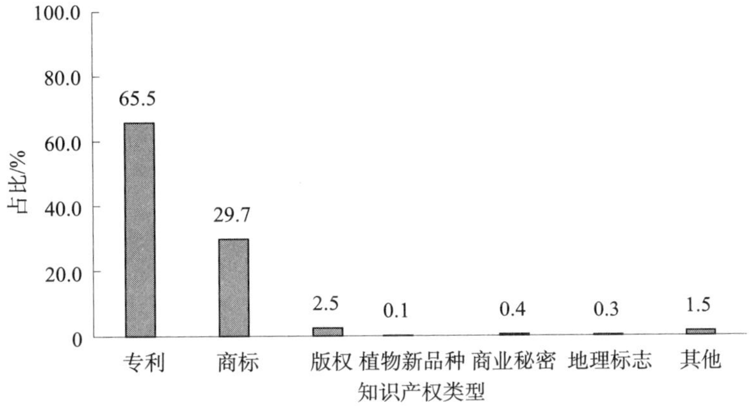

图 3－4－2　知识产权信息服务机构主营业务分布

注：本题中有效样本量为 686。本题为单选题，百分比之和为 100%。

如图 3－4－3 所示，开展知识产权信息检索分析服务的机构占比为 86.6%，开展知识产权分析评议服务的机构占比为 31.2%，开展专利预警、专利侵权风险分析的机构占比为 30.8%，开展知识产权导航服务的机构占比为 22.4%，开展知识产权数据加工、数据库建设服务的机构占比为 19.5%，开展知识产权文献翻译服务的机构占比为 14.7%，开展知识产权软件开发和系统集成服务的机构占比为 9.9%。

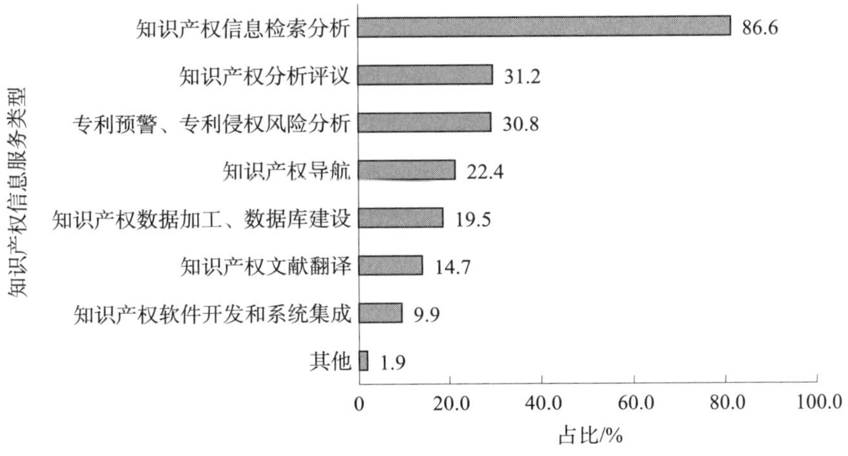

图 3－4－3　知识产权信息服务机构开展的知识产权信息服务类型

注：本题有效样本量为 686。本题为多选题，百分比之和大于 100%。

调查显示，从事知识产权信息服务的机构中，有 31.5% 仅服务于本地市内的客户，有 49.0% 仅面向省内客户，有 83.0% 仅面向国内客户，有 17.0% 面向海外客户提供知识产权服务。调查显示，有 59.6% 的知识产权信息服务机构向我国机构或个人提供涉外知识产权服务，同时，27.4% 的知识产权信息服务机构计划在下一年度招录有海外知识产权服务经验的工作人员以提高涉外知识产权服务能力。

（四）市场与发展情况

调查显示，如图 3 –4 –4 所示，有 75.4% 的机构认为发展中遇到的主要问题是市场恶性竞争，占比为 75.4%；其次为市场需求不足和高端人才稀少，分别占 44.3% 和 31.8%；认为是经营税费负担重、政府基础公共服务供给不足、人员流动性过高的比例分别为 23.8%、23.2%、22.6%；而认为是缺乏服务标准规范的所占比例最小，为 19.5%。

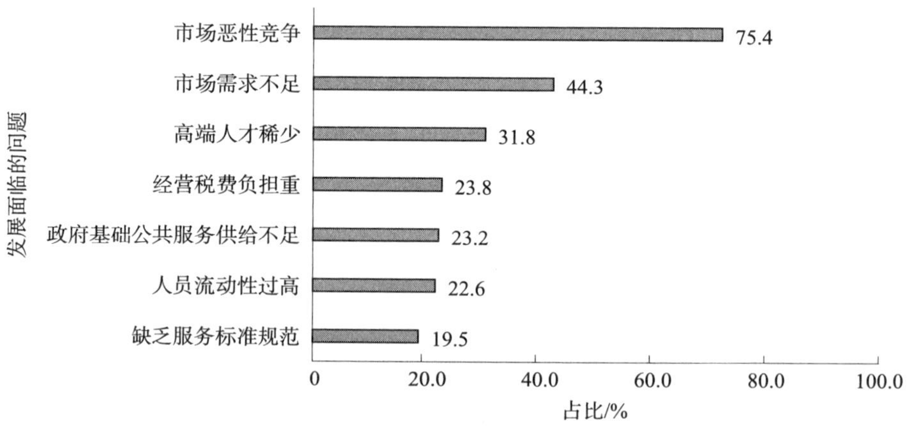

图 3 –4 –4　知识产权信息服务机构发展面临的问题

注：本题有效样本量为 686。本题为多选题，百分比之和大于 100%。

调查显示，如图 3 –4 –5 所示，有 56.1% 和 54.8% 的机构期待政府加强财政资助和税赋减免政策；有 31.2% 的机构期待政府加强人员培训；期待加强场所提供、投资引入、荣誉或奖励、高端人才引进的比例分别为 24.2%、20.7%、18.5%、15.0%；期待政府加强人才就业安置的比例相对较低，为 12.7%。

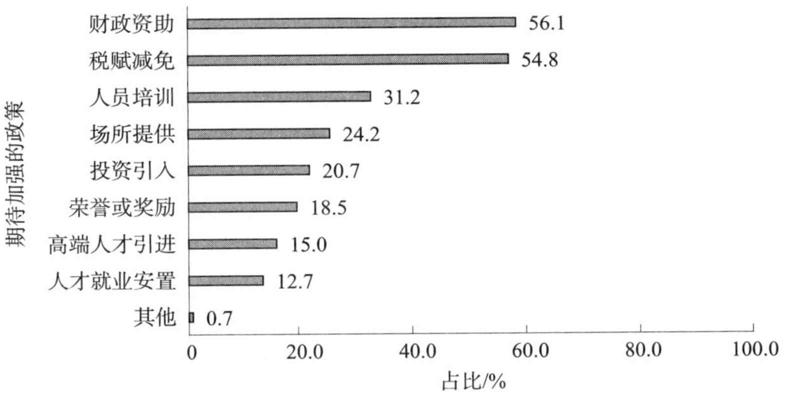

图3-4-5　知识产权信息服务机构期待加强的政策情况

注：本题有效样本量为686。本题为多选题，百分比之和大于100%。

五、知识产权服务新模式新业态

近年来，知识产权服务模式和服务内容创新变化明显，新模式、新业态迅速发展，对战略性新兴产业发展提供了有力支撑，总体已被纳入国家的“三新”统计调查。根据统计调查和相关调研，知识产权服务的新模式新业态发展主要体现出以下特征。

（一）数字技术广泛应用于知识产权服务业

调查显示，27.4%的知识产权服务机构积极推进数字化转型，运用人工智能、大数据、云计算、区块链及网络通信等数字技术提供知识产权服务。其中，有12.7%已利用数字化转型打通管理环节，有6.9%已实现了数字化转型与集成管理，数字化转型程度较高的比例合计达到19.6%。调研显示，开展数字化转型的实例包括：通过开发科技专利情报软件开展专利导航等知识产权服务；通过人工智能技术开发专利文献语义检索软件和专利文献智能翻译系统，提高专利撰写和可专利性分析服务质量和效率；通过“互联网+”与大数据等技术的运用，优化知识产权侵权信息网络搜寻系统，以实现更快更全发现侵权线索，保障创新主体利益。此外，为进一步利用数字技术提高服务水平，84.9%的服务机构购买了商业数据库或信息技术软件。

（二）知识产权服务分工日益细化、链条不断拉长

调研发现，北京、广东等地部分专利代理机构，将部分外文检索等业务拆分至印度或其他发展中国家服务机构完成，将中文检索等业务拆分至其他省份代理机构完成；部分创新主体为降低成本，将专利撰写、涉外翻译、申请文件提交等工作分解委托给不同机构；专门从事代理机构客户分析服务、涉外知识产权诉前服务等细分领域的机构已经出现。从需求端来看，创新主体对于自身知识产权服务投入的关注，促进了知识产权服务分工日益细化和服务链条进一步拉长。

（三）集约化发展势头显著，多行业多机构协同发展态势初显

知识产权服务中，代理服务集约化发展势头显著。2021年代理专利申请量排名前100位的专利代理机构（占全部获得执业许可的专利代理机构的3.1%），代理的专利申请量占全部代理申请量的34.7%；代理商标注册申请量前100位的商标代理机构（占全部备案商标代理机构的比例不到0.2%），代理的商标注册申请量占全部代理申请量的36.3%。同时，我国提供“一站式”知识产权服务的大型服务机构已不鲜见，细分领域服务机构协同发展的态势初步显现。产业园区开展知识产权服务业集聚区建设，有效促进知识产权服务机构优势互补，打造完整的知识产权服务链，为园区创新主体提供了有力的知识产权服务保障。

第四部分　市场环境分析

为更好掌握知识产权服务机构面临的市场环境和政策需求，了解知识产权服务机构的发展水平及对行业前景的判断，知识产权服务业调查工作针对知识产权服务机构享受过的激励政策，市场恶性竞争、高端人才稀少等机构发展面临的问题进行调查，并进行了重点区域分析。同时，调查工作也对知识产权服务机构对于自身专业化服务水平、机构管理效能、财务健康状况、社会责任贡献等自评价情况，未来行业发展信心，疫情应对及工作模式改变进行了调查，形成相关结论如下。

一、发展面临的问题

如图 4－1－1 所示，79.8% 的知识产权服务机构认为在发展中遇到的主要问题是市场恶性竞争；43.8% 的知识产权服务机构认为市场需求不足；23.6% 的知识产权服务机构认为高端人才稀少；21.7% 的知识产权服务机构认为经营税费负担重；20.0% 的知识产权服务机构认为人员流动性过高；19.5% 的知识产权服务机构认为政府基础公共服务供给不足；16.8% 的知识产权服务机构认为缺乏服务标准规范。

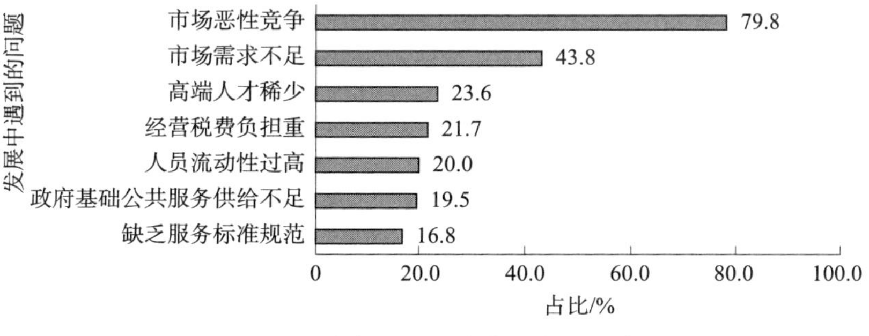

图 4－1－1　知识产权服务机构发展中遇到的主要问题

注：本题有效样本量为 3044。本题为多选题，百分比之和大于 100%。

如表 4 - 1 - 1 所示，京津冀地区知识产权服务机构认为在发展中遇到的主要问题为政府基础公共服务供给不足的比例高于其他地区，为23.5%；长三角地区知识产权服务机构认为在发展中遇到的主要问题为市场需求不足和高端人才稀少的比例高于其他地区，分别为49.4%和34.6%；粤港澳大湾区知识产权服务机构认为在发展中遇到的主要问题为缺乏服务标准规范的比例高于其他地区，为23.8%；成渝地区知识产权服务机构认为在发展中遇到的主要问题为市场恶性竞争、人员流动性过高和经营税费负担重的比例均高于其他地区，分别为87.6%、32.0%和25.8%。

表 4 - 1 - 1　知识产权服务机构发展中遇到的主要问题

发展问题	京津冀地区/%	长三角地区/%	粤港澳大湾区/%	成渝地区/%
政府基础公共服务供给不足	23.5	17.9	18.6	15.8
市场恶性竞争	73.8	81.7	80.2	87.6
市场需求不足	38.7	49.4	45.3	42.4
经营税费负担重	19.4	18.8	24.8	25.8
缺乏服务标准规范	3.9	22.5	23.8	21.4
高端人才稀少	6.7	34.6	32.1	25.4
人员流动性过高	4.8	23.2	27.6	32.0

二、激励政策

如图 4 - 2 - 1 所示，有74.7%的知识产权服务机构表示享受过激励政策。在享受过激励政策的知识产权服务机构中，认为税赋减免和财政资助两项激励政策对营业收入的影响相对较大的比例分别为64.5%和39.8%，认为人员培训对营业收入的影响相对较大的比例为21.9%。

调查显示，京津冀地区、长三角地区、粤港澳大湾区以及成渝地区分别有84.2%、75.9%、62.5%和73.8%的知识产权服务机构表示享受过激励政策。如表 4 - 2 - 1 所示，在享受过激励政策的知识产权服务机构中，京津冀地区知识产权服务机构认为投资引入政策对营业收入的影响相对较大的比例、长三角地区知识产权服务机构认为场所提供对营业收入的影响相对较大的比例、成渝地区服务机构认为赋税减免政策对营业收入的影响相对较大的比例均明显高于其他地区。

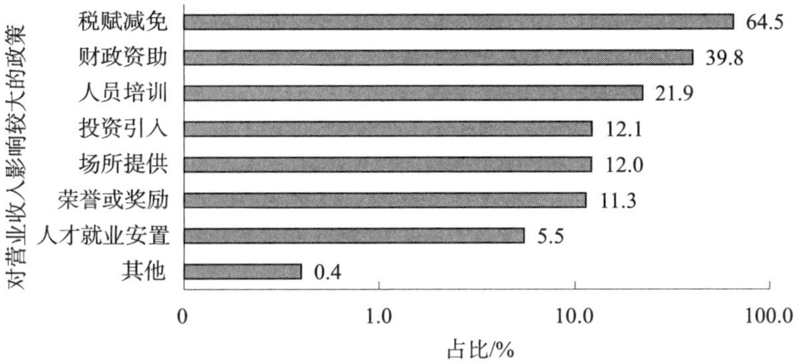

图 4－2－1　对营业收入的影响较大的政策

注：本题有效样本量为 3044。本题为多选题，百分比之和大于 100%。

表 4－2－1　知识产权服务机构认为对营业收入的影响较大的政策

政策类别	京津冀地区/%	长三角地区/%	粤港澳大湾区/%	成渝地区/%
赋税减免	56. 4	64. 2	68. 8	77. 2
财政资助	42. 3	33. 4	46. 6	35. 8
人员培训	18. 5	24. 5	22. 9	23. 8
人才就业安置	4. 6	6. 2	6. 7	4. 6
场所提供	5. 7	20. 6	10. 1	14. 4
投资引入	25. 3	6. 2	3. 6	3. 8
荣誉或奖励	2. 8	18. 3	13. 2	15. 7

三、机构自评价情况

知识产权服务机构应深度融入区域经济协调发展，实现机构与区域高质量发展双赢；应该服务“引进来”与服务“走出去”相结合，为创新企业占据全球价值链和创新链高端位置保驾护航；应对所属区域、产业和行业发展有所贡献，并认真履行维护行业健康发展以及保障员工权益等社会责任。2022 年调查重点从专业化服务水平、机构管理体系建设情况、机构经济效益水平以及承担社会责任情况等方面开展机构自评价调查，分析我国知识产权服务业高质量发展的前景和现实问题。

（一）专业化服务水平

服务机构的专业化服务水平主要包括应对客户需求的能力、支撑区域经济发展的能力以及专业化人才队伍建设情况。而对于知识产权服务机构而言，其涉外服务能力也是评价专业化服务水平的重要因素。

如图 4－3－1 所示，有 92.7% 的知识产权服务机构认为自身能够提供满足客户需要的专业化服务，有 80.6% 的知识产权服务机构认为自身能够为市场主体企业创新、产业发展、地区经济发展提供有力支撑，71.6% 的知识产权服务机构认为自身具有涉外知识产权服务能力，68.7% 的知识产权服务机构认为自身能够吸引到高水平专业化人才。

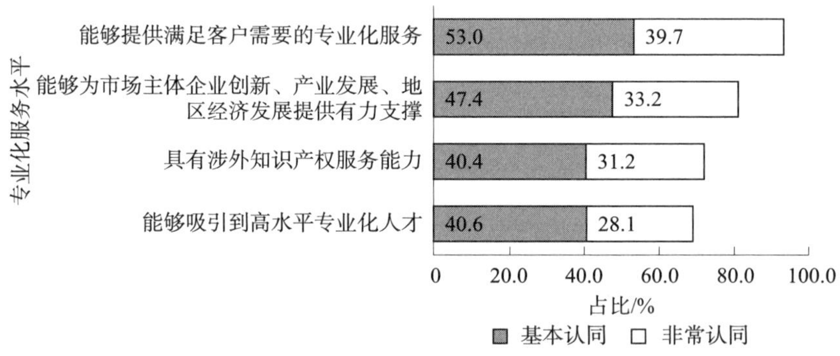

图 4－3－1　知识产权服务机构对自身专业化服务水平相关表述认同比例

注：本题有效样本量为 3044。

（二）机构管理效能

知识产权服务机构的管理效能评价主要包括组织机构、员工培训体系等方面。同时，对于知识产权服务机构而言，通过数字化转型提高机构运行效率和服务能力非常重要，是重要的管理效能评价因素。

如图 4－3－2 所示，有 92.1% 的知识产权服务机构认为自身内部组织机构健全、部门间沟通流转顺畅；有 90.3% 的知识产权服务机构认为自身有完整的新入职员工培训体系，通过培训的员工也可以独立开展业务；仅有 5.4% 的知识产权服务机构认为自身已经深度开展了数字化转型。

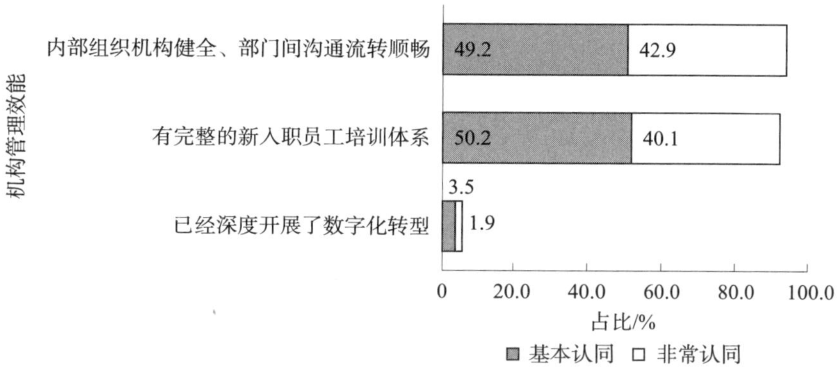

图 4－3－2　知识产权服务机构对自身机构管理效能相关表述认同比例

注：本题有效样本量为 3044。

（三）财务健康状况

财务健康是保持可持续发展的基本条件，其直接表现在机构是否具有较好的风险应对能力和持续稳定的盈利能力。

如图 4－3－3 所示，有 65.6% 的知识产权服务机构认为自身未来三年生存压力不大，有足够的偿债能力以及应对基本面波动的能力；有 65.2% 的知识产权服务机构认为自身近三年内可以保持稳定的盈利。

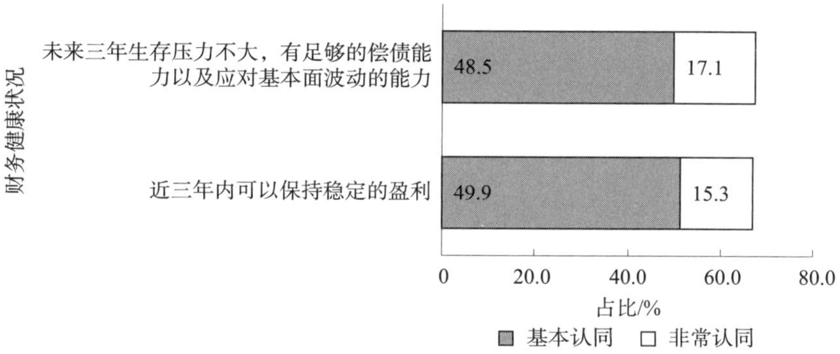

图 4－3－3　知识产权服务机构对自身财务健康状况相关表述认同比例

注：本题有效样本量为 3044。

（四）社会责任贡献

企业的社会责任主要体现在其是否履行纳税义务并安全合规地开展经营活动、是否合理保障员工权益、是否在社会公益方面有所贡献等。

如图 4－3－4 所示，有 94.4% 的知识产权服务机构表示自身近三年没有客户纠纷、行业竞争纠纷等违法违规违纪行为；有 89.9% 的知识产权服务机构认为自身薪酬制度、员工福利以及绩效考核方式得到员工认可；有 70.5% 的知识产权服务机构表示自身积极参与支持了政府部门政策研究或起草行业标准等行业治理活动。

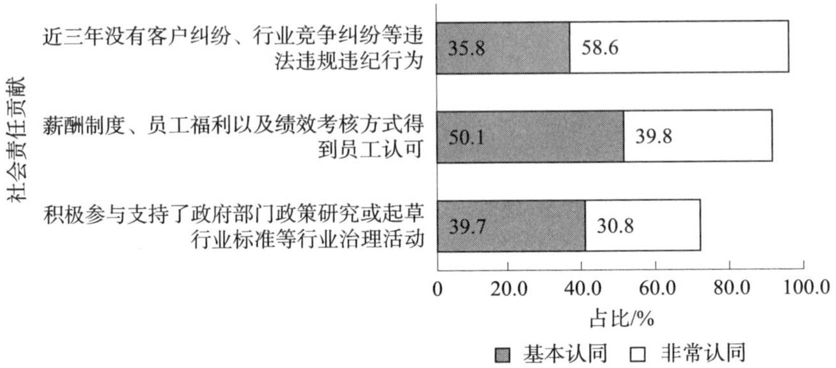

图 4－3－4　知识产权服务机构对社会责任贡献自评价情况

注：本题有效样本量为 3044。

（五）自评价指数

根据各项机构自评价结果量化分析显示，我国知识产权服务机构在专业化服务水平、机构管理效能、财务健康状况以及社会责任贡献四个方面的自评价指数分别是 80.9 分、82.8 分、67.6 分和 78.4 分。总体来看，知识产权服务机构基本认可自身发展现状，但对自身财务健康状况的认可程度相对较低。

如图 4－3－5 所示，京津冀地区知识产权服务机构对自身发展状况的认可程度明显高于其他区域机构，特别是在财务健康状况和社会责任贡献方面的自我评价明显高于其他区域机构；粤港澳大湾区和成渝地区知识产权服务机构认为自身财务状况不佳的比例相对较高，量化得分明显低于其他区域机构。

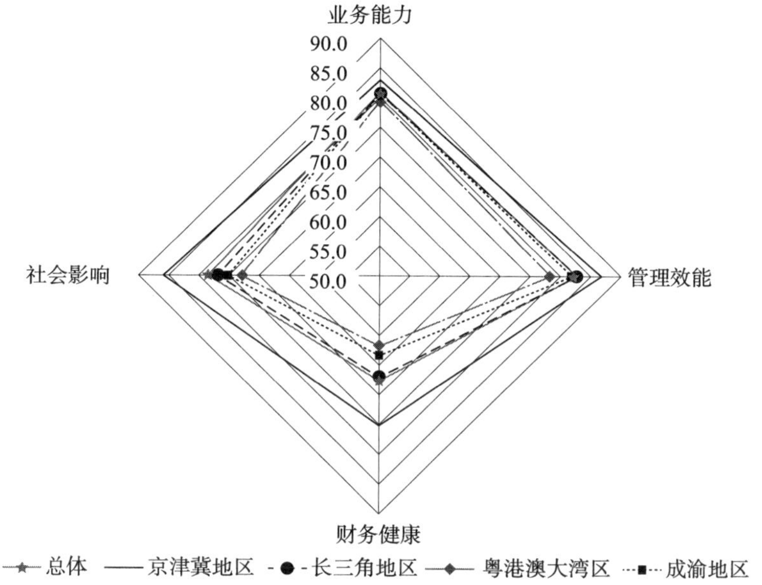

图 4-3-5 知识产权服务机构服务专业化水平自评价指数

注：本题有效样本量为3044。

从不同主营业务类型分布情况看，从事咨询服务的机构对机构业务能力较为认可，得分82.0分；从事运营服务的机构对机构的运营体系能力较为满意，得分为84.8分；从事法律服务的机构对财务健康状况的自评价得分较高，为71.3分。

四、新冠疫情对服务机构经营活动的影响

本次调查关注新型冠状病毒肺炎疫情（以下简称“新冠疫情”或“疫情”）对知识产权服务机构业务拓展、机构内多部门协作、与外部机构的沟通以及与客户的交流等经营活动的影响。

如表4-4-1所示，在疫情影响下，多数服务机构的各项经营活动效率均有所降低。从各分项情况来看，疫情影响下超过七成服务机构的业务拓展效率有所降低，影响明显高于其他经营活动；近七成服务机构的内部多部门协作效率无明显变化或有所提升，受疫情负面影响相对较小。

表 4-4-1　新冠疫情下知识产权服务机构的运行情况

影响程度	业务拓展/%	机构内多部门协作/%	外部沟通/%	客户交流/%
显著提高	1.0	3.1	2.3	3.0
小幅提高	5.9	9.5	8.4	9.5
无明显变化	20.3	55.9	43.4	39.6
小幅降低	47.1	24.6	34.3	35.8
显著降低	25.7	6.9	11.6	12.1

从机构内多部门协作效率看，有 12.6% 的知识产权服务机构认为疫情以来机构内多部门协作效率有所提高；55.9% 认为无明显变化；而认为在疫情影响下机构内多部门协作效率有所降低的机构比例为 31.5%，其中认为显著降低的比例为 6.9%。

从与外部机构沟通的效率看，有 10.7% 的知识产权服务机构认为疫情以来与外部机构沟通的效率有所提高；43.4% 认为无明显变化；而认为在疫情影响下与外部机构沟通的效率有所降低的机构比例为 45.9%，其中认为显著降低的比例为 11.6%。

从与客户交流的效率看，有 12.5% 的知识产权服务机构认为疫情以来与客户交流的效率有所提高；39.6% 认为无明显变化；而认为在疫情影响下与客户交流的效率有所降低的机构比例为 47.9%，其中认为显著降低的比例为 12.1%。

五、行业发展信心

为更好了解知识产权服务机构未来发展信心，本调查参考采购经理人指数（PMI）❶、消费者预期指数❷等宏观经济预期指标设置了知识产权服务业发展信

❶ PMI 指数的英文全称为 Purchasing Managers' Index，中文意思是采购经理人指数，是通过对采购经理人的月度调查汇总出来的指数，能够反映经济的变化趋势。PMI 是一套月度发布的、综合性的经济监测指标体系，分为制造业 PMI、服务业 PMI；也有一些国家建立了建筑业 PMI。PMI 50 为荣枯分水线：50 以上反映经济总体是扩张态势；相反，如果低于 50，则通常反映经济总体是衰退态势。

❷ 消费者预期指数的英文全称为 Consumer Expectations Index，是消费者信心强弱的指标，反映了消费者对未来经济生活发生变化的预期。通常来讲，消费者预期指数是普通消费者对收入、生活质量、宏观经济、消费支出、就业状况、购买耐用消费品和储蓄在未来一年的预期及未来两年对购买住房及装修、购买汽车和未来 6 个月对股市变化的预期，是一个极为有用的宏观经济先行指标。

心指数，从知识产权服务机构的市场环境预期、营业收入预期、薪酬支出预期、办公场所是否增加预期、下年度录用人数是否增加预期等方面进行了调查，全面了解知识产权服务机构的行业发展信心。

知识产权服务业发展信心指数以50分为荣枯线：当指数高于50分时，表示知识产权服务机构认为下一年度行业发展将保持扩张态势，分数越高表示机构对行业发展前景越乐观；当指数低于50分时，表示知识产权服务机构认为下一年度行业发展将会呈现萎缩态势，分数越低表示机构对行业发展前景越悲观。

（一）预期收入

调查显示，整体来看，认为2022年员工平均收入预期高于2021年的知识产权服务机构比例为46.0%，低于上一年度调查结果（51.3%）。

营业收入预期方面，认为2022年知识产权服务业营业收入预期会高于2021年的知识产权服务机构比例为43.9%，低于上一年度调查结果（48.3%）。

（二）预期环境

调查显示，认为2022年知识产权服务业市场环境预期优于2021年的服务机构占比49.0%，低于上一年度调查结果（61.7%）。

（三）预期招录人员

在预期招录人员方面，总体上有38.9%的知识产权服务机构2022年预期招录人员数量高于2021年，低于上一年度调查结果（45.7%）。

（四）预期增加投入

调查显示，36.6%的知识产权服务机构2022年有租用或购置新办公场所的计划，低于上一年度调查结果（40.2%）。

（五）综合信心指数分析

综合上述分项指标计算信心指数得分情况（参见表4－5－1），本年度知识产权服务业信心指数为 58.4 分，高于荣枯分水线数（50 分），表明服务机构认为未来一年知识产权服务业发展将保持扩张态势；该指数较上一年度（62.5 分）有所降低，表明服务机构预期未来一年行业扩张步伐有所减缓。

表 4-5-1　知识产权服务业信心指数近三年变化情况　（单位：分）

指标	2019 年	2020 年	2021 年
营商环境	66.3	66.6	61.0
营业收入	61.1	64.9	58.7
薪酬支出	61.8	62.8	59.9
办公场所	54.7	56.7	55.2
人员增速	57.8	60.9	56.9
总体得分	60.4	62.5	58.4

第五部分　典型案例

为做好全国知识产权服务业统计调查，总结推广政府部门在促进知识产权服务业发展、强化知识产权服务业监管、加强知识产权服务业集聚区建设、推进知识产权服务出口基地建设等方面的典型措施，行业协会在开展行业自律、推进公益活动、提升行业服务效能方面的典型做法，以及市场化知识产权服务机构的典型服务模式，彰显并提升知识产权服务业促进经济社会高质量发展的作用，2022 年全国知识产权服务业统计调查工作启动开展知识产权服务业典型案例征集遴选。

案例征集通知自 2022 年 6 月 2 日发出，截至 6 月 20 日共征集推荐案例 172 件，推荐单位涉及北京市知识产权局等 28 个地方知识产权管理部门和中华全国专利代理师协会、中华商标协会等知识产权服务相关协会组织、国家知识产权局知识产权发展研究中心、教育部高等学校科学研究发展中心等部门。获取相关案例后，国家知识产权局知识产权运用促进司组织专家评审，优选政府部门工作类型案例 15 个、协会工作类型案例 7 个、服务机构及其他类型案例 14 个作为典型案例。具体案例情况介绍如下。

一、政府工作案例

（一）上海市知识产权服务业引才育才创新做法

1. 案例背景

上海某知识产权代理机构美欧事务部负责人郭女士拿着崭新的户口簿，欣喜之意溢于言表——“上海是知识产权人职业梦想发展之地，今天我通过上海市知识产权服务业人才引进政策，获得新签发的户口簿，心中充满喜悦，让我在上海的工作和生活更安心，未来发展计划也更清晰，感到前所未有的归属感！”

郭女士 2005 年清华大学毕业后，在上海从事知识产权工作 10 多年，已成为业内资深专利代理师。近年来她带领团队从事国际专利申请实务，中国企业专利国际布局策略、技术挖掘，海外知识产权保护策略及风险管控等工作，属于知识产权服务业高端人才。未落户上海之前，在她未来的职业规划中，选择留在上海还是去其他城市发展，彷徨不定。

2020 年以来，上海市知识产权局（以下简称“上海局”）在人力资源和社会保障部门大力支持下，创新服务业人才引育做法，破解对如郭女士一般的服务业高端人才引育的难题，使高素质人才通过知识产权服务业引才等政策集聚上海，极大地激励了知识产权服务业高质量专业化人才的工作积极性和城市归属感，让这座城市逐渐成为知识产权服务业人才职业发展生涯中的筑梦之地、逐梦之城和圆梦之都。

2. 亮点及工作创新情况

上海市知识产权服务业发展迅速，体系日益完善，但服务业人才引育工作对标高品质服务标准，仍存在人才建设机制、引育模式不健全等短板。上海局在人才引育破冰过程中的主要亮点和创新情况如下。

一是将难题变课题，完善顶层设计。上海局专门成立知识产权人才体制建设课题组，由人力资源、战略规划、公共服务等多部门共同参与机制设计。课题组深入企业、科技教育系统、社会组织等单位，全面了解人才建设突出问题和建议意见；在系统调研后，根据人才建设现状，将难题分解为人才引进、培育评价、流动配置等类别，确立人才研究课题完善知识产权人才建设顶层设计。

二是将难点变亮点，创新引才路径。上海局依据国家知识产权局《知识产权人才“十四五”规划》精神，创新引才路径，将服务业骨干离职率高、招聘难等难点变亮点。首先在该市现有户籍政策基础上，新增服务业人才引进政策，以《关于新时代上海实施人才引领发展战略的若干意见》发布为契机，将知识产权服务业列入市人才引进重点支持范围。其次与教育系统紧密合作，推出知识产权服务业引才专场，以行业为主导直接选聘青年人才，提升行业整体引才力度。

三是将任务变项目，改进育才模式。上海局以提升人才高素质专业核心能力为准绳，进行一系列人才培育改革，将人才培育与知识产权专项结合。首先聚焦重点领域任务，以项目促企业知识产权服务人才培育，在项目设计执行过程中，汇集各行业专家定期“会诊”，动态提出修正意见，全方位组织知识产权服务人员参与。其次加强与世界知识产权组织（WIPO）培训项目协作，培育国际化高端服务人才，发挥上海国际知识产权学院、WIPO 上海中心、WIPO 暑期学校等的引育人才品牌效应。

3. 工作举措及成效

一是颁布强市建设纲要，绘制人才建设总体蓝图。2021 年，上海颁布《上海市知识产权强市建设纲要（2021—2035 年）》，确立了知识产权人才建设的总体目标、基本原则、发展环境、具体任务等内容。

二是完善人才建设机制，充分发挥市场主体作用。上海充分考虑人才资源是市场资源的重要组成部分，既注重顺应和运用市场规律，又注重发挥政府主管部门优势。2022 年发布的《上海市知识产权强市建设纲要和“十四五”规划实施推进计划（2022—2023）》中，完善了激励企业、第三方机构对知识产权人才培养、使用等一系列机制；同时加强了主管部门与其他政府部门、高校院所合作，推动知识产权学科发展、普法教育及科学素质提升等措施。

三是综合评估与重点支持结合，吸引高质量人才集聚上海。上海对重点服务机构采取动态管理，知识产权管理部门与人力资源和社会保障部门不定时交换数据，定期综合评估重点服务机构。至 2021 年末，已有 20 余名符合条件的知识产权人才通过服务业人才引进政策落户上海。同时，上海局重点支持服务行业举办高校（国内 985 院校 11 所、211 院校 16 所、“双一流”院校 22 所，国外大学 3 所）引才专场 4 期，开设“BOSS 面对面”等多个互动窗口精准对接青年人才入职。

四是依托知识产权专项，培育为企业服务的实务人才。上海局在知识产权运营服务体系建设等项目申报及推行过程中，以项目吸引高端人才和创新团队参与，通过咨询、讲学、合作等方法，开展以人才促项目发展的“项目靶向人才培育”；专门设立专利运营特派员培育专项，以项目培育人才，用人才推进项目，在此基础上逐步推动企业设立知识产权首席运营官计划。

五是深化国际合作交流，造就国际知识产权服务人才。上海与 WIPO 合作，设立高端知识产权人才培养项目。该项目汇聚全球知名顶尖组织的师资力量，已招收 4 届 22 个国家 127 名胜任国际知识产权事务的高端复合型人才。同时，WIPO 上海中心、上海知识产权国际论坛、WIPO 暑期学校通过涉外案件受理、论坛活动、专业实训等模式为上海知识产权高端智库吸引了大量来自海内外的高层次知识产权服务专家、青年知识产权学者等人才。

4. 推广意义

上海知识产权服务业人才建设贴合地方实际，既发挥政府在人才建设方面的优势，又突出市场主体的积极作用，在充分调研基础上，针对行业人才堵点和痛点，将难题转化为课题、难点转化为亮点、任务转化为项目，完善机制建设，创新人才引进路径，改进人才培育模式，探索出可行有效的知识产权服务业人才引育新方法，为上海建设知识产权国际中心城市提供了高素质专业化的人才支撑。

同时，地方知识产权人才建设必须紧扣《知识产权强国建设纲要（2021—2035 年）》总体目标、人才建设具体规划，靠前一步、主动作为，加强与人力资源、教育部门等单位的合作，才能跳出行业人才引育困境，提升行业人才素质。希望上海知识产权服务业人才引育系列创新做法，特别是知识产权服务业列入地方人才重点支持范围这一全国首创举措，能为知识产权强国建设中的人才发展工作贡献可操作、可复制的地方经验。

（二）中关村构建“政府引导＋协同联动＋高质量发展”知识产权服务业集聚发展新模式

1. 案例概述

2020 年以来，中关村国家知识产权服务业集聚发展示范区（以下简称“中关村示范区”）不断强化知识产权服务业发展顶层设计，有力推进知识产权服务与产业领域深度融合，积极推进知识产权服务出口基地建设，不断推动知识产权服务业扩大开放，持续提升知识产权服务业的专业水平，探索形成新形势下的“政府引导＋协同联动＋高质量发展”的中关村知识产权服务业集聚发展新模式，向北京构建首都新发展格局提供优质高效的知识产权服务供给，为北京知识产权强国示范城市和国际科技创新中心建设注入新动能。

2. 亮点及工作创新情况

一是政策引领充分释放服务业发展活力。继《北京市促进知识产权服务业发展行动计划（2018 年—2020 年）》实施落地后，北京市陆续出台了《北京市“十四五”时期知识产权发展规划》《北京市知识产权质押融资入园惠企行动方案（2021—2023 年）》《“三城一区”知识产权行动方案（2020—2022 年）》等政策文件，明确提出发展知识产权高端服务业，培育国际化、市场化、专业化知识产权服务机构，营造良好的知识产权服务业发展环境，引导促进知识产权服务业集聚发展。

二是创建服务管家模式精准服务重点园区。通过“知识产权局＋园区管委会＋优质服务机构”知识产权服务管家模式，组织专业机构走进 10 个中关村分园区开展知识产权数据分析研判、实地调研、现场咨询、培训、政策宣讲、企业“一对一”帮扶等因需定制的知识产权个性化服务，举办 47 期培训活动，走进 155 家企业提供“面对面”服务，培训上千名企业知识产权工作者，提升园区知识产权管理水平和知识产权综合实力。

三是跨界融合推动知识产权服务高质量发展。以中关村知识产权服务业联盟、中关村知识产权投融资服务联盟为工作抓手，组织知识产权代理、法律、信息、运营、银行、创投、保险、担保等近 150 家全链条知识产权服务机构开展服务，为知识产权保险试点、知识产权质押融资入园惠企、知识产权质押贷款等创新性工作提供多层次的专业服务。

四是夯实信息服务支撑重点产业及区域管理决策。发挥知识产权信息服务机构专业优势，开发建设中关村知识产权大数据区域智能监测系统，向分园区免费提供智慧便捷的监测分析服务，提升区域知识产权管理效率。组织专业服务机构力量，完成多项研究报告，为产业规划布局提供数据支撑，多次获得市领导批示。建设人工智能、智能装备等高精尖产业专题数据库，提供知识产权信息服务。

五是建设国际合作基地提升服务业国际化水平。争取国家知识产权国际合作基地落户北京，推动国家知识产权相关资源在中关村落地，组织 27 家中关村涉外知识产权服务业联盟成员单位与企业对接合作，开展知识产权国际化咨询服务、企业海外知识产权案例汇编等专项工作。依托北京（中关村）国际知识产权服务大厅，组织专业机构展示服务资源，提供国际知识产权服务咨询、资料查询等服务。

3. 工作举措及成效

一是区域知识产权服务业支持力度持续加大。在市级知识产权服务业支持政策的引领下，中关村及各分园区加大政策支持力度。北京经济开发区印发《北京经济技术开发区知识产权行动计划（2021—2023）》，明确要制定经济开发区知识产权服务业发展规划。2022 年发布的《中关村国家自主创新示范区优化创新创业生态环境支持资金管理办法（试行）》中提出多项针对知识产权服务机构的资金支持政策。

二是中关村知识产权服务业蓬勃发展。截至 2021 年底，中关村示范区共有 29 家机构被评为全国知识产权服务品牌机构和全国知识产权服务品牌培育机构，6 家机构被评为国家知识产权分析评议服务示范机构，27 家机构被评为全国知识产权分析评议服务示范创建机构。相关机构为中关村企业提供了优质的知识产权服务，在行业内树立了很好的标杆，发挥了示范带动作用。

三是中关村一区十六园创新实力进一步增强。中关村企业有 90% 以上的专利由专业机构提供代理咨询等全流程服务。截至 2021 年底，中关村示范区企业发明专利拥有量超过 18 万件，在全市企业中占比近七成；PCT 专利申请 8189 件，同比增长 32.2%，占全市同期近八成。中关村已有 58 家企业获评国家知识产权示范企业，157 家企业获评国家知识产权优势企业。在第二十二届中国专利奖评选中，中关村企业获奖 86 项，其中金奖 4 项，银奖 16 项，充分展现了中关村企业创新能力强、专利质量高的特点以及在全国的创新引领作用。

四是全链条知识产权服务有力支撑产业创新。知识产权保险试点工作两年来共投入资金 3800 万元，支持智能制造、信息技术等重点产业 332 家企业投保专利 3366 件，并提供保险全程的知识产权专业服务，风险保障超过 33 亿元。近两年全市专利和商标质押金额共计144.66亿元，共包括934个项目，大部分来自中关村。知识产权保险试点和专利质押融资工作入选商务部最佳实践案例并向全国推广。成功启动北京市首个专利许可证券化项目，总规模10亿元，首期发行3.37亿元支持15家高新技术企业。推动建立5G、人工智能等4个产业知识产权运营中心，产业知识产权联盟专利池运营力度不断加大。

五是知识产权服务业扩大开放取得明显进展。中关村科学城成功获批商务部知识产权服务出口基地。据不完全统计，截至2020年底，中关村科学城规模以上知识产权服务机构63家，21家专利代理机构在8个国家和地区设立了40个境外联络处，其中，2019～2020年16家机构营业收入65.1亿元，11家机构知识产权服务出口额14.7亿元，有力支持了北京打造国家服务业扩大开放综合示范区。开展外国人参加专利代理师资格考试试点和外国专利代理机构设立常驻代表机构试点工作，进一步推动知识产权服务业对外开放。

4. 推广意义

作为全国首批国家知识产权服务业集聚发展示范区之一，中关村探索形成的“政府引导＋协同联动＋高质量发展”的服务业集聚发展新模式，通过统筹和集聚政策资源、国内外知识产权服务资源与创新主体资源优势，创新“知识产权服务管家”等服务新模式，结合地方特色，以知识产权信息分析服务有力支撑产业及区域管理决策，组织跨界服务资源丰富知识产权服务业内涵，不断完善知识产权服务业体系，促进了知识产权服务业繁荣发展，形成了知识产权服务业聚力助推区域高质量发展的独具特色的“中关村模式”，起到了良好的示范作用。

（三）广州开发区高标准建设国家知识产权服务业集聚发展试验区

1. 案例概述

2017年12月14日，国家知识产权局批复同意广州开发区建设国家知识产权服务业集聚发展试验区。近年来，广州开发区牢牢把握国务院批复同意在中新广州知识城开展知识产权运用和保护综合改革试验的有利契机，以“构筑生态、集聚资源、释放功能、服务企业”为主线，搭建平台，制定政策，集聚资源，建设载体，营造生态，扎实推进试验区建设，全力打造知识产权全链条服务体系，支撑知识产权运用和保护综合改革试验不断推进，推动知识产权高质量发展取得新突破。

2. 亮点及工作创新情况

一是打造国际一流的知识产权服务业载体。广州开发区于 2017 年获批国家知识产权服务业集聚发展试验区，并于 2020 年通过验收后继续积极创建国家知识产权服务业集聚发展示范区。广州开发区在中新广州知识城高标准规划建设 420 亩知识产权服务园区，总投资超 90 亿元，建设知识产权审判大楼，引入中国汽车知识产权运用促进中心、中国知识产权培训中心（中新广州知识城）实践基地等重大项目，倾力打造全国顶级知识产权服务业载体，吸引知识产权高端服务机构和高层次服务人才落户；建设全国首批知识产权服务领域特色服务出口基地，推动建设国际地理标志产品服务基地，为集聚知识产权服务机构提供一流的载体。

二是出台全链条的知识产权服务业扶持政策。出台《广州市黄埔区 广州开发区推进粤港澳知识产权互认互通办法》《广州市黄埔区 广州开发区 广州高新区进一步加强知识产权运用和保护促进办法》《广州市黄埔区 广州开发区 广州高新区知识产权专项资金扶持和管理办法》等政策，对香港、澳门籍居民在该区设立知识产权服务机构给予扶持，鼓励知识产权服务机构独立或联合建设高价值专利培育中心，针对知识产权服务机构落户、知识产权服务机构经营贡献、知识产权综合服务平台、知识产权社团等对知识产权服务业进行全方位扶持。自 2016 年综合改革试验实施以来，中央、省、市、区四级财政累计投入知识产权综合改革资金 9. 6 亿元，资助企业 9610 家次、知识产权项目 5. 32 万项。

三是开展广东全省唯一的专利代理对外开放试点。深入推进专利代理对外开放试点，开展外国人参加专利代理师资格考试、外国专利代理机构在华设立常驻代表机构试点工作，全国首批 3 家外国专利代理机构在华常驻代表机构有 2 家落户园区。充分利用国际知识产权服务大厅及技术与创新支持中心等各类开放平台的创新性体制机制，加快促进知识产权服务出口资源整合集聚，首批引入 10 家来自美国、法国、德国、英国、泰国、新加坡等国家的国际知识产权服务机构，为社会公众提供专业免费咨询，满足创新主体、市场主体获取各类国际化知识产权服务的需求，实现“一站式”知识产权服务，打造全省首创的线下国际化服务高端平台。

3. 主要举措及成效

一是多项举措促进知识产权高端项目高度集聚。在服务载体和政策引导多层推动下，国家知识产权局专利局专利审查协作广东中心、广州知识产权法院、广州知识产权交易中心、广州知识产权仲裁院等国家、省、市重点项目纷纷落地广州开发区。新引进中国（广东）知识产权保护中心、国家版权保护中心华南登记大厅和广州版权产业服务中心，成立全国首家知识产权金融服务中心、全省首家知识产权公证处，全省首家粤港澳大湾区知识产权调解中心及广东中策知识产权研究院、北京大学粤港澳大湾区知识产权发展研究院等高端智库落户。全区拥有知识产权服务机构超 300 家、全国知识产权服务品牌机构近 20 家、WIPO 技术与创新支持中心 3 家，形成代理、法律、信息、商用化、咨询、培训等全链条服务体系，成为知识产权服务高端资源丰富、种类齐全的区域。

二是健全服务体系推动知识产权高质量发展。在完善的知识产权服务体系支撑下，广州开发区知识产权运用和保护综合改革试验不断取得新的突破，涌现全国首支纯专利、纯商标知识产权证券化产品，全国首单知识产权海外侵权责任险等全国首创工作。构建起完整贯穿科技企业发展生命周期的“投资基金—质押融资—证券化—上市辅导—海外保险”知识产权金融资金供应链，打造出全省首家知识产权特色支行，自 2016 年综合改革试验实施以来，帮助近千家企业完成知识产权质押融资超过 163. 38 亿元，知识产权基金投资的四家企业先后“登陆”科创板。开展“十百千”知识产权质量提升工程，推动专利创造多项指标稳居全市第一。截至 2022 年 6 月，全区有效发明专利 2. 5 万件，每万人发明专利拥有量 211 件（是全市平均水平的近 4 倍），累计获得国家、省专利奖 317 项，获评国家知识产权优势企业、示范企业 89 家，各级知识产权示范、优势企业年工业产值超 2000 亿元，占全区总产值的近 1/4，极大激发了创新创造活力。

三是高水平知识产权出口服务构建对外开放新局面。高水平的知识产权出口服务，为构建“双循环”新发展格局、打造对外开放新局面提供了良好支撑。深化中新知识产权交流合作，与新加坡知识产权局国际事务机构合作共建中新国际知识产权创新服务中心，连续 4 届举办中新知识产权周中文分会场活动，谋划共建中新国际知识产权培训基地。举办了《区域全面经济伙伴关系协定》（RCEP）框架下中国 – 东盟知识产权专题研讨会、2021 年中日知识产权实务（广东）研讨会等一系列具有影响力的国际交流活动，邀请 WIPO 专家就商标国际保护马德里体系、PCT 国际专利申请及境外知识产权制度作专题辅导。推动成立中国 – 东盟知识产权联盟，采取线上线下结合方式举办粤港澳大湾区知识产权交易博览会，促成知识产权意向交易 128.5 亿元，参展规模及国际化程度、交易规模等方面均创新高。

4. 推广意义

广州开发区高标准建设国家知识产权服务业集聚发展试验区，集聚知识产权高端项目，形成全链条知识产权服务体系，为多项知识产权全国、全省首创性工作提供便捷高效的知识产权专业化服务。集聚国内外知识产权服务机构 300 多家，为发行全国首只纯专利、纯商标知识产权证券化产品和全国首单知识产权海外侵权责任保险，提供知识产权价值评估、海外知识产权维权援助等服务，累计发行 4 支知识产权证券化产品为企业融资 10.25 亿元，提供海外侵权责任保险保障额度 1.26 亿元，助力知识产权金融服务创新发展。优质知识产权服务机构为在孵企业提供免费知识产权信息检索服务，驻点指导在孵企业进行知识产权创造，以科技企业孵化器为载体的企业知识产权培育模式提供重要服务支撑。入园机构共服务相关企业创造知识产权 10213 件，实现专利灭零企业 92 家，有效提升了区域市场主体创新能力和核心竞争力，发挥了知识产权激励自主创新、优化营商环境、推动高质量发展的基本保障作用。

（四）上海市徐汇区搭建金融服务平台，助力企业创新发展

1. 案例概述

上海市徐汇区通过建立知识产权金融公共服务平台，为该区创新主体提供知识产权价值评估、质押融资、专利商标保险、知识产权融资租赁和证券化等服务。

该金融公共服务平台合计投入资金 1950 万元，其组织方联合上海市知识

产权金融服务联盟和上海市徐汇区金融业相关机构，整合银行、保险等金融机构和企业资源，以“互联网＋知识产权＋金融”为基础，支持银行、证券、保险、信托等各类金融机构开展知识产权金融服务，开展金融服务相关数据系统建设，为企业提供多元化的知识产权金融公共服务。

2. *服务方式*

金融平台促进知识产权质押融资业务流程优化，推动知识产权金融产品创新，打造服务科技创新型企业发展的全周期知识产权金融支持链：一是加强与知名知识产权价值评估机构的合作，简化流程，创新模式，扩大知识产权质押融资受益面；二是加快培育和规范专利保险市场，完善专利保险服务体系，着力推广专利执行险、专利侵权责任险等险种，探索开展专利质押融资保险，大力促进商标、专利保险规模快速增长；三是结合服务平台建设，设立知识产权质押“一站式”综合代办窗口，加强中小企业融资平台建设，在区域内开展知识产权质押融资业务，统筹完成上海市徐汇区专利、商标品牌质押融资；四是加快企业与金融机构合作，鼓励公开发行以知识产权为基础的资产证券化产品，推动列入科技创新型企业上市培育库、上市企业服务名录的科技创新型企业开展知识产权分析、知识产权尽职调查等服务。

上海市徐汇区积极举办“政—园—银—企”供需对接会，通过“政府政策＋产业园区服务＋银行＋评估机构”整合各类资源，2021 年已举办 6 场园区知识产权银企供需对接会，并且通过积极调研，摸清需求，积极撮合企业和银行，拟订知识产权质押融资方案。徐汇区对知识产权质押融资按实际支出贷款利息的一半予以财政补助，同一申请人当年申请贴息补贴总额不超过 100 万元。近年来，徐汇区知识产权质押融资金额达到 23.6 亿元，其中通过知识产权金融服务平台办理质押融资金额业务为 12.2 亿元，占比约 52.0%，知识产权运营服务体系质押融资工作成果显著。同时，开展知识产权质押融资创新多项纪录，如徐汇区商标质押融资第一单，徐汇区商标、专利混合质押第一单，上海市 2021 年最大实际质押融资贷款等。

3. *服务成效*

上海市徐汇区积极组织对接中国银行股份有限公司上海市银行徐汇支行和评估机构以及宣传徐汇区知识产权质押政策，通过采取“银行/其他金融机构＋企业知识产权担保”的直接对接模式，开展知识产权评估、质押、登记，上海某工程研究设计院专利质押融资登记金额为 3.1 亿元，实际放款金额为 1 亿元，是徐汇区历年来登记及放贷金额最高的一单专利质押融资贷款，也是上海市 2021 年实际放贷金额最大的一单。

上海某智能科技企业是专注于智能包装设计与制造，提供运营服务和循环管理软件服务的全产业链物联网企业。拥有发明专利数百件，PCT 专利数十件，业务领域覆盖欧美等市场。2020 年因疫情极大影响了该企业海外业务，该企业把重心转向国内市场，需要大量资金进行业务布局。金融平台了解到该企业需求后，积极带领银行和相关机构上门开展对接，利用好区级贴息政策，进行专利质押融资，依托杭州银行股份有限公司上海分行成功授信 3000 万元，解决了资金短缺问题，极大地帮助了该企业快速布局国内业务市场。

某信息科技企业作为一家高科技企业，专注于互联网传输领域的可信性和安全性，支持国密和国际双算法的浏览器。该企业已获得 3 件专利、35 个注册商标、43 项软件著作权。在对相关企业走访调研中，该金融平台了解到该企业的融资需求，发现其注册的一项商标具有较大品牌价值，但该商标一直处于闲置状态，同时作为电子信息互联网领域的企业，鉴于其专利较少的现实情况，该金融平台建议其盘活商标专利资源，提出了“商标 + 专利”知识产权混合质押融资模式。金融平台联动上海银行股份有限公司漕河泾支行以及专业评估机构，为企业设计知识产权质押融资方案并进行商标和专利评估。在多方共同努力下，不到 30 天，该企业取得了国家知识产权局颁发的商标专用权质权登记证和专用权质权登记证，通过双证进行混合质押成功获得上海银行股份有限公司漕河泾支行 1000 万元授信。

4. 推广意义

上海市徐汇区的知识产权金融服务不仅给企业带来了真金白银，也为徐汇区探索出一条中小企业尤其是科技创新型中小企业融资的新路径。加大同银行、保险、服务机构合作力度，深化金融服务平台建设，整合优势资源，加大创新力度，在“点”上精准对接重点企业，在“面”上举办供需对接，实现“点”和“面”结合，持续发力，才能在“知识产权 + 金融”方面取得更大突破，为区域产业高质量发展贡献力量。

（五）江苏省苏州市创新上市公司知识产权服务模式

1. 案例概述

2020 年 5 月，苏州市市场监督管理局（苏州市知识产权局）联合苏州市地方金融监督管理局牵头成立全国首个企业上市知识产权服务中心。依托苏州大学苏州知识产权研究院和苏州市知识产权服务业商会，该中心创建“体检 + 培训 + 课题”三位一体服务模式，集聚知识产权、法律服务、信息分析等领域资深专家，全面提升拟上市和已上市企业知识产权创造质量、保护效果、运用效益。该中心成立以来，已精准“问诊”21 家企业，提供专题诊断报告 66 份，涉及生物医药、智能制造、新材料、人工智能等产业，为企业在专利、商标、版权等无形资产方面的风险管控和企业上市提供了有力帮助。截至 2022 年 10 月，苏州科创板上市企业达到 46 家，居全国第三。

2. 亮点及工作创新情况

一是聚焦重点领域，组建专家团队。整合“产、学、研、服”资源，聚焦光电、半导体、新材料、生物医药和人工智能产业以及企业上市工作急需的知识产权法律、知识产权信息分析、专利代理等服务模块，首批聘请 16 家业内专家单位。

二是深度调研摸底，精准“体检问诊”。对有意向或准备上市的企业进行情况梳理，为 21 家拟上市企业分门别类地开展“问诊”工作。由专家引导企业发现“症状”，根据上海证券交易所审核时关注的知识产权问题，对企业进行现场指导和提出建议。已为多家企业客户提供“体检报告”，助力企业顺利上市。

三是针对疑难问题，组织专业培训。作为辅导企业上市的延伸服务，该中心将“问诊”中发现的问题融入上市培训，先后围绕科创板上市企业核心技术人员流动的知识产权法律风险、IPO 视角下的专利及专利纠纷、生物医药产业上市知识产权问题、科创板成功上市企业知识产权问题等开展系列公益培训活动。

四是推进标准制定，助力企业上市。为企业上市提供强有力保障，建立符合苏州企业上市过程中企业知识产权规范的标准体系，提升服务全流程质量。该中心目前正在制定地方标准“苏州市企业上市知识产权管理规范”。

五是适时总结分析，开展课题研究。为促进苏州科创企业抓住市场化改革发展机遇、提升知识产权实力，该中心每年深入分析企业“体检”现状与问题，提出企业上市服务相关课题研究计划，不仅为专家团队提供理论支撑，还形成操作指引惠及更多企业。

3. 工作成效

一是助力拟上市企业应对风险。通过“体检”服务，帮助企业查找实际存在的知识产权问题，提供应对策略和跟踪服务，对接专业服务机构，详细制订后续处理方案。如：在对某科创企业进行“体检”时，该中心发现其主要技术尚在申请专利中，在之后的上市过程中必将被询问到专利申请的授权前景。专家建议该企业在上市时应说明其专利申请所处的状态，做好披露审查过程文件等的应对措施，以证明专利申请的授权前景良好。

二是提升企业知识产权质量。该中心围绕“问诊”中发现的普遍性问题，持续举办专题培训活动，用一系列真实案例，促进拟培育上市企业重视知识产权工作、提升知识产权质量。累计开展线上线下培训活动 19 场次，参与企业 280 多家、人数 3000 余人。通过学习专业知识产权理论知识，企业负责人与核心技术人员切实增强了知识产权风险识别能力，企业知识产权质量有效提升。

三是提升企业上市规范化水平。根据企业上市遇到的各种知识产权问题，该中心围绕“苏州市科创板企业上市知识产权指引”课题进行研究，从科创板概述、科创板知识产权规则解读、科创板上市知识产权风险分析、拟上市科创企业知识产权应对等多个方面对科创板进行解读。通过该课题的研究成果发布，引导企业把握住科创板上市的知识产权要点，利用知识产权赋能，实现苏州科创企业的持续健康快速发展。

4. 推广意义

上市融资作为直接融资方式，可有力支撑科技型企业发展，推动社会自主创新，助力地区产业经济的高质量发展。知识产权作为企业重要资产和持续盈利要素，在上市审核中广受关注；同时，竞争对手也经常以知识产权问题来阻挠企业上市。因此，上市期也是企业知识产权风险高发期。为帮助企业抓住科创板等板块的上市机遇，苏州局针对重点产业和特色产业，充分激活知识产权公共服务机构与社会化机构服务潜力，组建行业专家团队，打造“体检 + 培训 + 课题”三位一体的服务闭环，引导企业既要重视知识产权资产的布局，又要重视知识产权风险，主动提前排查和排除风险，做好预案。带动拟上市企业更好发挥知识产权优势赋能作用，提升核心竞争力。

（六）浙江省绍兴市“知管家”开创知识产权服务新局面

1. 案例概述

绍兴市市场监督管理局通过构建中小企业和托管服务机构供需对接平台，包括协助企业制定知识产权战略、建立知识产权管理制度、提供日常合同文本知识产权审核及修改等 12 个“全生命周期”基础管理服务项和协助企业开展专利转让、许可、导航、预警及进行国际商标注册等 15 个“个性化”高质量发展服务项，帮助企业补齐知识产权管理短板，提升企业的知识产权创造、运用、保护和管理能力，培育知识产权优势企业，推动该市经济社会高质量发展。

2. 亮点及工作创新情况

一是突出需求端导向。摒弃服务供给端为主导的方式，抓准抓牢中小企业这一服务对象，在设定托管服务项目时，真正紧扣中小企业知识产权管理需求，把牢服务方向和内容的精准度，促使企业变被动为主动，有效激活供需两端，促成企业和机构的深度对接，切实帮助企业解决知识产权领域无部门、无人员、无投入的“三无”困境，促进知识产权管理能力质的提升。

二是坚持高价值引领。“知管家”项目先行先试，通过“基础管理服务项 + 高质量发展服务项”的形式，以及在高价值发明专利授权、维持以及发明专利转化运用等服务项上的赋分，引导企业的创新要素不断向高价值发明专利集聚和转化，积极推动战略新兴产业、海外同族发明专利授权，扩大质押融资规模，提高发明专利维持年限，助力全市高价值发明专利增量提质。

三是锚定专业化目标。以市级备案加区县考核二级联动实施监督，推动服务机构在完善知识产权代理、检索、法律服务、咨询服务等传统基础业务基础上，大力拓展知识产权评估、交易、融资、转化等增值服务，倒逼服务机构从低质低价竞争向高质高端服务转型，促使其成长为可提供专业化、精细化、定制化服务，名副其实的综合性托管机构，真正成为企业的战略合作伙伴，为该市企业在知识产权领域的高质量发展保驾护航。

3. 工作成效

一是突破“三无”困境，专属“管家”助企轻装上阵。成立于 2016 年的某锂电领域的科技型创业企业，累计拥有锂电领域核心专利 82 件，但苦于资金紧张，知识产权管理一直处于无部门、无人员、无投入的状态。随着“知管家”项目的引入，企业在不增加管理成本的同时，拥有专属的知识产权专业化管理团队。近期该企业又成功获得 8 件发明专利授权。自启动项目以来，5 家服务机构已累计向企业派驻对口专业人员 150 余人次，累计为企业节约管理成本 300 余万元，真正助力企业“轻装上阵”。

二是提升核心竞争力，高质量“智治”促企高效发展。某建筑系统企业虽然具备一定的自主知识产权能力和行业影响力，积极申报省级知识产权示范企业，但受限于知识产权运用和管理困局，一直未能有效突破。在“知管家”项目辅导下，该企业成功获评 2022 年浙江省知识产权示范企业。给企业送去“管家”的同时也送上“导师”，“知管家”真正对企业“授之以渔”，累计帮助企业培养知识产权管理人才 60 余人，助力 80 家企业通过知识产权贯标审核认证和 14 家企业开展专利导航项目。目前，绍兴市已建成了 5 家企业法人形式的知识产权联盟，其中绍兴市机电装备制造产业知识产权联盟、绍兴袜业产业知识产权联盟被列入 2021 年度浙江省级备案产业知识产权联盟，备案数量并列全省第一。

三是从“跑腿工”到“管家头”，高要求倒逼机构服务升级。一家本地老牌的专利代理机构，综合能力始终停留在专利检索、专利和商标申请代理等常规业务的“跑腿”水平。“知管家”项目推出后，某医疗器械企业主动找上门，希望在专利导航、专利质押融资等方面有所突破。该专利代理机构成立专门工作组，“一对一”对接服务企业，成功辅导该客户企业完成专利导航项目，仅仅 2021 年，已形成专利成果 10 件（其中发明专利 6 件，实用新型专利 4 件）。“倒逼式”业务让这家老牌机构真正成为企业的战略合作伙伴，业务范围也越拓越宽。

4. 推广意义

目前，大多数地区的知识产权托管均侧重于服务供给端，政府资金支持点位也落脚在服务机构，严重忽略了对托管服务对象的引导和支持，对于服务需求端的支撑明显不足。“知管家”项目在原知识产权托管项目的基础上，创新性地提出以知识产权服务需求端为主导的知识产权托管服务，真正实现了知识产权全链条、个性化、精准化的管家式服务，有效提升企业的知识产权创造、运用、保护和管理能力，助推企业高质量发展。

（七）广东省深圳市福田区全面推进国家知识产权服务业集聚示范区和服务出口基地建设

1. 案例概述

福田区依托辖区知识产权密集型产业云集和高端服务机构集聚的基础优势，对标国际，先行先试，成立知识产权联席会议制度，统筹协调推进示范区建设工作；制定知识产权运营、服务、入股、质押融资、证券化融资支持等20余条扶持政策，制定《深圳市福田区国家知识产权服务出口基地建设工作方案（2021—2025年）》，加快知识产权服务贸易发展，推动知识产权培育、转化、投融资、评估、导航等效能提升。福田区成为广东省首个“国家知识产权服务业集聚发展示范区”、全国首批“国家知识产权服务出口基地”“国家知识产权强县建设示范县”，是广东省唯一具备三个国家级知识产权项目的行政区县。

2. 亮点及工作创新情况

福田区紧抓粤港澳大湾区及中国特色社会主义先行示范区建设等重大战略机遇，依托河套深港科技创新合作区等国家级战略平台，促进知识产权转化运用，推动科技成果与知识产权交易中心落地，成功将该区建设为广东省首个国家知识产权服务业集聚发展示范区。

一是构建全国领先的综合服务环境。充分利用福田区河套深港科技创新合作区服务贸易创新发展试点等各类开放平台的创新性体制机制，支持示范区加快促进知识产权服务出口资源整合集聚，满足创新主体、市场主体获取各类国际化知识产权服务的需求。持续加大对知识产权服务机构、企业和个人的支持力度，近三年共投入专项资助 1.43 亿元。

二是打造“一站式”知识产权服务。强化福田区知识产权保护中心建设，打造知识产权“一站式”服务窗口，提升知识产权保护能力。联合深圳市商标协会、深圳市专利协会、深圳市知识产权联合会等行业协会和服务机构，搭建知识产权交流平台；首创举办深圳知识产权首席运营官论坛（福田）等交流活动，切实保障知识产权人才交流与服务业态流通。

三是引进高端知识产权服务机构。先后引进并培育多家高端知识产权服务机构，在知识产权金融创新、技术转移、专利许可转让、高价值专利培育运营、国家知识产权优势示范企业培育、中国专利奖培训等方面为企业提供高端服务。

3. 工作成效

作为知识产权生态集群，2021 年福田区专利质押融资登记金额 17.75 亿元，专利实施许可合同登记金额 10553 万元；代理机构数量 115 家，居深圳市各区首位。

一是知识产权服务业整体规模再创新高。2021 年，福田区专利授权量为 19603 件，其中发明专利授权量 3706 件，同比增长 10.8%；有效发明专利 20970 件，占深圳市总量的 10.6%；代理机构数量 115 家，占深圳市总量的 36.3%；国家级知识产权服务品牌（培育）机构 15 家；知识产权服务机构从业人员超过 3450 人。

二是知识产权促进金融业态发展成效显著。依托中国（南方）知识产权运营中心建成福田区首个知识产权挂牌交易系统，挂牌知识产权数量逾 2.3 万项，估值超 20 亿元。引导 18 家银行、5 家担保及评估机构开展知识产权质押贷款服务；近三年共 210 家企业获得知识产权质押贷款 24.4 亿元，168 家企业获得知识产权质押贷款补贴 4247.25 万元。2021 年发布国内首单战略性新兴产业专场、国高企业专项等 4 支知识产权证券化产品，发行规模达 6.7 亿元，入池企业达 52 家，质押知识产权 76 件，企业实际融资成本低至 2.98%/年。

三是知识产权服务企业发展作用凸显。建成国内首家集合专利、商标、版权的知识产权大数据中心，成功引入约 1.3 亿条专利等数据，服务企业近 5900

家，直接降低企业创新成本近6亿元。成立福田区首个“新一代信息技术产业知识产权联盟”，形成“保障机制+运营平台+服务载体”全链条式知识产权管理服务体系。该联盟辅导对接企业128家，培育知识产权强企22家，培育高价值专利146件，建成5家高价值专利培育布局中心。

4. 推广意义

作为广东省首个国家知识产权服务业集聚发展示范区，福田区在提升知识产权创造水平、完善知识产权运用体系、强化知识产权保护力度、健全知识产权管理机制、创新知识产权服务模式等方面，已形成较为完善的知识产权全链条管理服务体系。福田区国家知识产权服务业集聚发展示范区建设对促进知识产权服务业深入发展、创新知识产权服务模式、助推经济转型升级、实现知识产权服务对科技创新和产业发展等方面的支撑效应突出，具有较高的示范、推广价值。

（八）四川省举办知识产权服务业技能大赛，搭建服务能力展示舞台

1. 案例概述

为贯彻《知识产权强国建设纲要（2021—2035年）》《“十四五”国家知识产权保护和运用规划》重大战略部署，培育发掘知识产权领域专业人才，推动知识产权服务业健康快速发展，四川省知识产权服务促进中心于2020年发起举办首届“四川省知识产权服务业技能大赛”。活动历时半年，取得圆满成功，在省内乃至全国业内产生热烈反响并获得广泛好评。

首届“四川省知识产权服务业技能大赛”由四川省知识产权服务促进中心发起，联合四川省人力资源和社会保障厅、四川省市场监督管理局共同举办。大赛以“面向需求、质量引导，公平自愿、公正公开，统一架构、各设主题，积极动员、行业练兵”为基本原则，通过比赛的形式，为全省知识产权服务机构及从业人员、创新主体、知识产权工作者搭建起一个展示专业技能、交流分享经验的平台，培育、发掘了一批知识产权服务领域专业人才，评选出了一批知识产权维权、运营、商业模式典型案例。

2. 亮点及工作创新情况

大赛共分为专利信息检索赛、专利撰写赛、商标代理能力大赛（以下简称

“三赛”），典型维权案例评选、典型运营案例评选、商业模式创新评选（以下简称“三评”）共 6 项赛事。全省共 130 余家市场服务主体、690 余人次报名参加比赛，收到参评案例 65 件。“三赛”最终获奖 28 人次，“三评”最终评选出优秀案例 18 件。10 家单位获大赛组织奖。

一是统一架构、各设主题，比赛形式打破常规。大赛共包括个人赛事 3 项、集体赛事 3 项，涵盖知识产权创造、运用、保护、管理、服务的全过程，满足不同知识产权主体的大赛参与需求。各赛事组织架构一致，由系列赛评工作组统筹领导；工作组下设综合协调小组和专项小组，综合协调小组统筹协调、宣传及后勤保障，各专项小组根据赛评内容确定各自主题，细化具体方案，开展赛评工作，形成各赛事形式相对一致、主题各有不同、内容各具特色的特点。

二是搭建平台、摆设擂台，知识产权队伍得到有效锤炼。大赛共开展赛前练兵活动 119 期，点击量达 10140 次；开展赛前知识培训 3 场次，400 余人参与；举行在线初赛、复赛、决赛 7 场次，累计近 900 人次参加；举行 PPT 路演 6 场次，从专利检索、专利撰写、商标代理、知识产权运营与维权、商业模式运作等方面进行评比，涉及当前知识产权服务的主要范围，既是对行业高质量发展的积极探索和生动实践，也是对从业人员能力的一次检阅和展示。

三是多部门合作、多渠道推动，提升行业社会影响力。大赛由四川省知识产权服务促进中心发起，同时得到四川省市场监督管理局和四川省人力资源和社会保障厅的大力支持，不仅提升了比赛的公信力和影响力，还打通了多部门沟通协作渠道，为大赛持续举办及知识产权职业体系建设等工作奠定了基础，进一步提升了知识产权服务业的影响力。

3. 工作成效

“四川省知识产权服务业技能大赛”是四川省首次举办的以知识产权为主题的大赛，更是全国首个贯穿知识产权创造、运用、保护、管理、服务全链条的一次大赛，内容新颖、形式多样、亮点纷呈，获得业内广泛关注，取得了丰硕成果，主要体现在以下方面。

一是“小”众行业造就“大”流量。在此次竞赛中，“三赛”决赛现场和颁奖暨优秀案例展示活动均采用现场直播的方式进行，在全省乃至全国业界产生强烈反响。特别是颁奖活动，实时点击量达 10 万次，至截止时间累计点击量超 35 万次，宣传成效前所未有。

二是遴选出一批优秀人才和机构。“三赛”荣获一、二等奖的获奖人员，已纳入四川省知识产权人才库后备人选名录，在同等条件下将优先纳入四川省知识产权人才库（师资库）；“三评”获奖机构，将在同等条件下，优先获推国家级评优评先资格。

三是打造知识产权行业品牌。为持续引导知识产权服务业发展方向，培育发掘知识产权领域专业人才，将大赛建成“两年一赛、四年一评”的常态化制度，使大赛成为全省提升行业服务能力的品牌活动。

4. 推广意义

大赛获得国家知识产权局高度认可。2022 年，参照首届比赛模式，四川省知识产权服务促进中心联合重庆市知识产权局、四川省总工会、四川省人力资源和社会保障厅、四川省市场监督管理局共同启动了“川渝知识产权服务业技能大赛”。大赛成功被纳入“2022 年四川省职工职业技能比赛”和“四川技能大赛——2022 年省级职业技能竞赛”两项四川省重要职业竞赛范畴，影响力进一步扩大。举办该项大赛有利于引导地方知识产权服务机构高质量发展，培育发掘地方知识产权领域专业人才，提升知识产权服务业服务能力，有效助力地区经济创新发展。

（九）湖南省严厉打击非正常专利申请行为

1. 案例概述

湖南省知识产权局（以下简称“湖南局”）着力规制非正常专利申请行为，加强创新成果源头保护。专利申请质量事关核心科技创新是否能够得到有效保护，事关专利制度优势是否能够充分释放。湖南局历来重视专利申请质量，始终坚持“抓服务，促专利量升质优”的工作思路，将专利质量作为事业发展中的重要考量内容。自 2021 年国家知识产权局进一步严格规范专利申请行为以来，湖南局更是将专利高质量发展作为全面落实“三高四新”战略定位和使命任务的重要方面，作为优化营商环境的重要任务，作为实施知识产权强省、质量强省战略的重点工作深入推进，严厉打击不以保护创新为目的的非正常专利申请及其代理行为。

2. 亮点及工作创新情况

湖南局坚持以全局思维谋一域，推动专利代理领域综合治理。

一是正本清源，加强源头治理。在《湖南省知识产权保护和促进条例》中，专门设计条款，引导开展专利申请前评估，并赋予县级以上人民政府知识产权主管部门查处非正常专利申请的权力。落实高质量发展要求，完善专利相关考核指标，特别是将非正常专利申请撤回率设置为重点考核指标。严格落实国家关于调整专利资助和奖励政策的相关要求，全面取消了专利申请阶段的资助政策。拟出台关于严格规范专利申请行为和提升专利质量的有效措施，对专利申请人、专利代理师及代理机构、知识产权行政主管部门等专利申请链上相关方分别进行约束。

二是联合约束，注重系统改进。开展专利代理信用评价管理试点工作，加强专利代理信用监管。印发联合惩戒知识产权（专利）领域严重失信主体系列文件，加强严重违法失信名单管理、行政处罚信息公示和信用修复管理工作，强化失信约束和联合惩戒。在国家级知识产权保护中心开展专利预审工作。在国家知识产权局专利局长沙代办处建立非正常专利申请举报、联合筛查机制，通过市民服务热线受理非正常专利申请的举报，将相关线索和情况及时呈报国家知识产权局。

三是全面排查，实现“应撤尽撤”。收到国家知识产权局下发的非正常专利申请清单后，第一时间对数据按照地域、申请人、代理机构、案件类型等信息进行统计归类、精准画像，并分别召开有关市州、高校、代理机构负责人座谈会，加强政策宣贯和工作部署。全省上下联动，对照清单，逐一通过电话通知、上门查访等各种方式，并积极协调公安部门与社区居委会核查无法取得联系的申请人，尽最大可能实现“地毯式”排查和全面撤回。

四是常态监管，护航市场发展。将在撤回非正常专利申请工作中配合度不高的代理机构，以及主动撤回后同一代理机构、专利代理师再次代理提交相同非正常专利申请的机构和专利代理师，列为“蓝天行动”和“双随机 一公开”监管重点检查对象。引导省专利代理师协会完善行业自律规范，开展行业自律惩戒工作，培养高端专利代理人才。开展“加强高价值专利培育助力产业发展”课题研究，开展知识产权“强链护链”行动，培育知识产权管理制度健全、知识产权布局完善、知识产权运用高效的企事业单位。

3. 工作成效

通过上述举措，营造高质量发展浓厚氛围，推动湖南省专利量升质优。

一是高质量发展导向得到全面贯彻。湖南省委、省政府将知识产权高质量发展指标纳入省委绩效考核指标、真抓实干指标以及营商环境考核指标。省政协将知识产权高质量发展作为2021年重点提案督促办理。2022年1～8月，全省发明专利授权量14197件，同比增长28.4%；截至8月底，全省有效发明专利拥有量82170件，同比增长25.1%。

二是非正常专利申请行为得到有效遏制。通过反复向相关申请人介绍国家、省、市有关非正常申请政策，引导全省区域内相关申请人将确属不以保护创新为目的的专利申请撤回。督导涉事相关专利代理机构和签名专利代理师协助撤回和提交整改报告。2022年国家知识产权局通报湖南省非正常专利申请撤回率达92.5%，高于全国平均水平（87%）；通报非正常专利申请数量呈下降趋势。

三是专利代理行业风气得到净化。2021年完成对49家商标代理机构、38家专利代理机构和34名专利代理师的抽查，共立案查处15件，罚没收入20.13余万元。2022年对6家主动撤回后重复提交非正常专利申请的代理机构依法依规立案查处，对代理量过高的3家代理机构进行行政约谈。非正常专利申请通报中涉及湖南省的专利代理机构数量和专利代理师数量不断减少，行业风气整体好转。

4. 推广意义

湖南局以严厉打击不以保护创新为目的的非正常专利申请及其代理行为为抓手，在法律、政策、资金、监管、行业培育等各方面形成推动专利创造高质量发展的闭环，有效改善全省专利申请和代理领域生态，提升全省创新主体高质量专利创造的意识，助力全省经济社会高质量发展。相关方法对全国处理非正常专利申请和加强专利代理行业监管具有普遍参考意义。

（十）山东省烟台市优化地理标志全链条服务，助力农业现代化发展

1. 案例概述

烟台市作为全国首批强市建设示范城市，以建设运营服务体系重点城市为契机，不断强化政策激励、探索地理标志运用促进“烟台模式”。通过颁布实施地方法规、市场化运作地理标志产业全链条服务、推动跨界融合发展等方式，促进全市地理标志的数量、质量提升，强化地理标志产品和商标服务监管力度，有效提升了本市地理标志品牌效应，带动经济发展。

2. 亮点及工作创新情况

一是不断加强地理标志规划政策引领。颁布实施全国首个地理标志地方法规《烟台葡萄酒产区保护条例》，对地理标志和证明商标使用等方面进行了规范；每年安排5000 万元烟台苹果产业发展专项资金支持烟台苹果做大做强；设立地理标志保护运用专项资金，对于年度产值增长 10% 以上的地理标志保护产品和地理标志商标的持有人最高给予 50 万元奖励。

二是市场化运作提升地标产业全链服务。开展“央地合作”地理标志市场净化行动，对 58 家申请注册与龙口粉丝相近似商标的企业提起商标异议申请。市政府股权投资 500 万元，筹建混合所有制地理标志运营中心，全方位、多角度为地理标志企业、协会提供专业服务。启动烟台市蓬莱葡萄酒行业协会团体标准起草工作；授权许可 9 家葡萄酒企业使用蓬莱海岸葡萄酒地理标志证明商标；设计蓬莱海岸葡萄酒许可标识，利用二维码、大数据处理技术等，对地理标志产品的生产、仓储、流通等环节进行全过程的质量安全追溯，共为 9 家使用单位定制 20 万个专用防伪标签，增加地理标志产品的“含金量”和品牌价值。

三是推动地理标志产业实现跨界融合发展。大力发展地理标志电子商务，打造烟台的自主果品电商平台——烟果网，100 余家农业龙头企业开通电子商务业务，注册淘宝卖家突破 4 万个，年销售烟台苹果 2 万多吨。开展苹果精深加工技术与研发，销售至全球 60 多个国家和地区，着力从粗加工向精加工、低附加值向高附加值转变，加速提升动能转换速率。通过“期货套期保值、期货 + 保险”等有效期货工具助力烟台苹果期货在郑州商品交易所上市，保障果

农增收、产业增效，提升烟台苹果产业在国内市场价格形成中的主动权和主导权。

3. 工作成效

一是地理标志数量、质量“双量”提升。目前，全市拥有烟台苹果等9个地理标志产品、41件地理标志证明商标，120家企业被核准使用新版地理标志保护专用标志，数量居山东省之首。龙口粉丝、烟台苹果、烟台葡萄酒先后入选《中欧地理标志协定》保护名录。“烟台苹果”品牌价值超过145.05亿元，连续12年蝉联果业第一品牌。

二是地理标志区域品牌效应充分发挥。建设商标品牌辅导站，助力全市1650个村庄实现集体收入增收3.9亿元、群众增收5亿元，其中莱州田家村“田家小米”从每斤7元卖到每斤14元，蓬莱“槐树庄花生”从田间走进了超市，为乡村振兴战略实施发挥了积极作用。

三是实现地理标志产品和证明商标服务监管全覆盖。实现地理标志证明商标和产品的实时动态监测保护，为全市41件地理标志证明商标、9个地理标志产品、120家被核准使用新版地理标志保护专用标志的企业提供全链条全方位服务和监管。充分发挥地理标志产业运营中心作用，与烟台市全域范围特色农产品开展“点对点”对接，积极推动“福山大白菜”“莱阳梨膏”“莱阳梨汁”“烟台草莓”等有竞争力的产品开展地理标志证明商标注册。

4. 推广意义

一方面，通过打造地理标志集中托管运营模式，推广质量管理、品牌宣传、包装标识、生产流程、市场营销“五统一”管理模式，可以形成“研、产、供、销”一条龙服务体系，在山东省范围内建立地理标志与商标、专利等多类型知识产权协同运用促进区域发展的产业融合发展机制，切实推动地理标志产品助力农业现代化发展。

另一方面，为地理标志相关企业在农业、科技、标准化、知识产权、销售等方面全方位探索建立“企业+商标（地理标志）+农户”“地理标志+龙头企业+互联网”等运营模式，实现地理标志产业的产品良种化、管理标准化、生产储运科学化，提升产业基础能力和产业链现代化水平。

（十一）云南省昆明市知识产权质押融资“一站式”服务助力中小微企业融资

1. 案例概述

知识产权金融服务是知识产权运营服务的重要一环，是解决中小企业“融资难、融资贵”的有效手段。云南省昆明市知识产权局抓住云南省昆明市人民政府推进当地知识产权运营服务体系建设机遇，在云南省知识产权局的支持指导下，积极构建知识产权金融服务平台，增加知识产权金融服务工具供给，推进多元化知识产权金融服务，完善知识产权资本与金融资本的融合。现已设立了“一站式”知识产权金融服务平台。

2. 服务方式

通过模式创新 + 服务创新，实现“知产 = 资产”，通过知识产权质押融资为企业融资辟路，让金融资本成为知识产权发展的动力，促进创新资源良性循环。

一是互联网 + 金融。采用“线上 + 线下”的模式，实现贷款最多“跑一次”。首先是贷款材料清单化，降低沟通咨询成本；其次是流程简便化，整个过程仅有两项签字流程；最后是审批快通道，知识产权质押贷款专人负责，走专门通道，极大缩短了时间和周期。

二是平台 + 银行。服务平台与银行合作，共同承担第三方评估费、相关服务费等，降低了科技型中小企业以知识产权质押贷款的成本和费用，同时银行对接优质企业，促进知识产权转移转化。

三是综合评估 + 风险管控。通过对企业生产经营、信用、知识产权等情况综合分析评估贷款资格。贷款银行通过认可第三方金融大数据，运用人工智能等技术对企业专利权、企业整体价值、创新能力等前景进行评估，管控防范知识产权融资业务风险。

3. 服务成效

“一站式”知识产权金融服务平台的设立，实现了知识产权与金融的深度融合。一是构建知识产权质押贷款、知识产权证券化等“一站式”知识产权金融服务体系，探索出一条完整贯穿于科技型中小企业发展全生命周期的知识产权金融服务链。二是知识产权服务业集聚区深度融合，充分发挥双方金融资源和产业资源优势，促进知识产权与产业发展、金融资本深度融合。围绕生物医药、新材料、先进装备制造、绿色生态等特色产业，打造以知识产权服务产业为重点的知识产权金融服务平台。三是组建知识产权金融生态圈，为企业提供“一条龙”精准服务，与5个产业知识产权运营中心及公共服务平台、多个知识产权品牌服务机构，形成信息共享、有效对接、积极互动、优势互补、共同发展模式，让知识产权融资真正成为中小企业科技创新的源头活水，进一步激发企业创新活力，形成知识产权创新与金融良性循环。

该平台自2022年4月设立后，已与6家银行建立合作。为近200家企业提供咨询、对接、推荐、评估等知识产权金融服务，正在走贷款流程的企业有21家，意向贷款金额为2.82亿元，完成专项贷款流程并已放贷14笔，放款额度为6035万元。

4. 推广意义

云南省昆明市“一站式”知识产权金融服务平台建成，一是探索出一套可借鉴、可复制、便推广的较为成功的模式，经初期运用，逐渐实现了简化手续、完善流程、降低成本、防范风险的作用；二是构建起政府部门、金融机构、企业、知识产权服务机构等协同机制，总结出标准化操作流程，消除了银行放贷顾虑，缩短了放贷时间，不但有效解决了企业“融资难、融资贵”的问题，同时还培育出一批知识产权金融服务人才，提升了知识产权服务机构综合服务能力和水平；三是对“知产 = 资产”的广泛认同，进一步提升了企业对知识产权的重视，加速了知识产权由数量向质量的转变，激发了知识产权创新和转移转化动力。

（十二）成都高新区深化国家知识产权服务业集聚区建设，多维度提升知识产权服务能力

1. 案例概述

四川省成都高新技术产业开发区（以下简称“成都高新区”）2014年获批西部首个知识产权服务业集聚发展试验区，2018年进入示范区建设阶段。自

示范区建设以来，成都高新区始终将服务业集聚区建设作为全区知识产权和科技创新工作的核心内容，在重点领域大胆改革，先行先试，从整合服务资源、优化服务业生态、深度融合关联产业、加大知识产权公共服务供给等多方面发力，2021 年通过评估验收，建设成效显著，已成为以知识产权连接产业、辐射区域的强大枢纽。

2. 亮点及工作创新情况

一是服务资源垂直整合。以“政府主导、市场主体、商业化逻辑”为理念，打破传统产业园区概念，以知识产权服务业为基础，融入城市生活等功能，打造四川首个知识产权垂直产业社区——知识产权金融大厦和知识产权加速中心，推进知识产权服务要素与城市协同发展。

二是服务生态多维优化。以专利代理业务为核心，横向融通法律、信息、商用化、咨询、培训等知识产权服务链条，实现前、中、后端共同发力，将知识产权贯穿创新发展全过程。建立四川首个知识产权服务联盟，与知识产权行业协会建立战略合作关系，针对薄弱领域、重点产业开展知识产权服务机构“定向招引”与“集中招引”，实现服务资源加速集聚。

三是关联产业深度融合。利用成都高新区服务贸易产业稳步发展、顺差持续扩大、结构不断优化的优势，积极建设知识产权服务出口基地。培育多家注重开拓海外业务的服务机构，并引进了有良好海外业务基础的优质服务机构，探索“国际专利银行”“知识产权服务外包”等知识产权服务出口的新模式和新路径。2021 年，成都高新区实现外贸进出口总额 5819 亿元，占四川全省外贸进出口总额的 61%。

四是公共服务和市场服务并驾齐驱。以点带面加大知识产权公共服务供给，建设国家知识产权局专利局专利审查协作四川中心成都高新区工作站，建立“审查员 - 企业”联系工作机制，派驻专员深入产业功能区，服务企业开展专利布局。不断健全市场化服务机制，深化行业自律建设，促进专利代理机构自我规范，有序推动知识产权服务机构良性集聚发展。

3. 工作成效

一是服务业规模和效益显著提升。知识产权代理、法律、信息、商用化、咨询、培训等六大服务业态呈现良好发展态势。聚集知识产权服务机构超过

600家，知识产权从业人员超过1万人。引进国内外知名知识产权服务机构、行业组织超30家，有在省外、国外设立分支机构的服务机构21家，行业国际化水平大幅提升，辐射引领作用进一步增强。

二是知识产权服务创新发展成效显著增强。2021年有效发明专利拥有量28755件、高价值发明专利拥有量12972件、每万人高价值发明专利拥有量90件；中国专利奖47项、四川专利奖68项；省级高价值专利育成中心3个、市级高价值专利培育中心2个、区级高价值专利培育中心23个，国家级示范优势企业累计达25家次。近三年通过知识产权征信，发放知识产权政策性贷款53.62亿元。《企业知识产权管理规范》贯标企业538家。

三是知识产权服务与产业融合发展。开展产业专利导航工作，聚焦产业功能区细分领域开展体外诊断试剂、医美、5G、卫星通信互联网等领域产业专利导航10余项，鼓励企业开展专利微导航，形成新一代信息技术、生物医药等知识产权密集型产业快速发展的集聚效应。2021年，成都高新区地区生产总值突破2800亿元，三大主导产业活力迸发。

4. 推广意义

近年来，成都高新区持续完善知识产权服务生态体系建设，增强服务供给；着力引培高端服务机构，提升行业服务水平；不断加强人才培养和专业人才支撑；鼓励开展国际交流合作，推动知识产权“走出去、引进来”，已经成为四川全省知识产权服务业先行先试的典范，为知识产权强国建设提供了坚实保障。

（十三）湖南省株洲市通过专利导航分析助推轨道交通装备产业“强链护链”

1. 案例背景

轨道交通装备产业是株洲市的支柱产业之一，做大做强优势产业链、供应链是落实湖南省“三高四新”战略的重中之重。2021年，湖南省知识产权局在株洲市启动轨道交通装备产业知识产权“强链护链”行动，利用专利制度对技术创新的指引和激励作用，有效服务于产业链“建链、延链、补链、强链”，促进知识产权指引技术创新，助推优势产业高质量发展。

2. 亮点及工作创新情况

株洲市市场监督管理局成立了轨道交通装备产业知识产权强链护链行动小组，邀请国家知识产权局、湖南省知识产权保护中心专家指导。宏观上，针对产业短板及存在问题，通过分析专利信息情报，明晰产业上下游技术现状，为产品开发和技术研发提供科学依据和可靠路径。行动小组以株洲市企业为口径，梳理出了产业技术问题清单，组织专家依托专利检索与分析手段，从全球产业态势、技术布局及湖南产业竞争力三大方向 14 个维度，对轨道交通装备产业链 60 余万件专利数据进行分析。经过技术背景调研、专利技术分解、专利检索、数据去噪、专利数据分类标引、风险分析、图表制作、图表解读、报告撰写、讨论分析等 10 个环节，最终形成了 4 万多字的轨道交通装备产业导航分析报告，全景展现了株洲市相关产业领域技术现状。微观上，中车株洲电力机车有限公司、中车株洲电力机车研究所有限公司、中车株洲电机有限公司等产业龙头企业，着眼企业技术创新和市场需求，开展了精准的细分技术或产品的专利信息分析和相关成果运用，助力企业关键技术攻关。

3. 工作成效

“强链护链”行动小组关注轨道交通装备产业全球竞争格局、全球产业结构发展方向、全球竞争态势、湖南产业结构定位、湖南技术定位、湖南企业创新能力定位等几大议题，开展了深入调查研究，并形成了产业分析报告。该报告显示，中国是全球轨道交通装备产业发展的重要市场，创新发展力高，国际影响力逐步扩大，但要实现全产业领域引领全球，还有较长的一段路要走。我国产业集中在中游，并逐步向下游延伸，上游产业是弱项；对于全球热点技术，国内企业暂时处于弱势，海外市场机遇与风险并存，国内“卡脖子”技术现象明显。湖南省位于本产业专利数量的第一梯队，产业结构重点突出，中下游技术优势较强；湖南省产业整体创新发展力高，但引证专利较少，技术原创力一般。株洲市在部分技术分支上被引证专利占比较多，具有较强的技术领先优势。报告还针对性地提出了 7 条建议，报告聚焦牵引变流系统和列车网络系统两大核心技术，检索到相关领域专利 23281 件，经过筛选得到重点专利 8890 件。报告详尽分析了相关技术在全球产业链中所处地位和水平，以及关键“卡脖子”技术，为企业开展新兴领域技术创新、重点技术攻关和专利布局提供了方向指引，为下一步护航企业进军海外关键市场提供了预警。

4. 推广意义

加强政府引导，支持开展专利信息分析，推广以产业数据、专利数据为基础的产业专利导航工作，能够带动企业开展专利信息利用工作，挖掘专利“大数据”资源价值，促进专利引导产业技术创新，助推产业集群高质量发展。株洲市作为湖南省优势产业聚集地，通过省市两级知识产权管理部门密切配合，率先开展轨道交通装备产业的专利导航分析，以及相关成果的推广、应用和落地工作，形成了知识产权强链护链行动的一套工作机制、模式、流程范本。通过复制相关工作经验，可以将项目成果逐步推广到湖南省的其他优势产业，持续推进产业技术创新和经济社会发展。

（十四）上海市加强代理机构事中事后监管，促进知识产权服务业良好发展

1. 案例背景

2021 年 11 月，上海市松江区市场监督管理局（知识产权局）根据上级转办的案件线索，对某代理机构及其代理的 6 个注册商标申请人囤积注册商标用于转让获利的行为进行立案查处。上海市知识产权局以此为切入点，不断强化对知识产权代理机构的日常监管，通过“双随机、一公开”监管，提升监管成效，及时发现问题，并坚持行政执法、行政指导和宣传教育相结合，引导代理机构加强自律。

2. 主要做法

一是依法加强知识产权代理事中事后监管。与 16 个区知识产权局签订了专利代理行业监管委托协议，大幅增加监管力量；将专利代理执业情况纳入商标代理检查事项，进一步加大专利、商标代理行为检查覆盖面；组织代理机构对照“蓝天”行动重点治理事项，开展全面自查并签署承诺书，促进知识产权服务业健康发展。

二是加大知识产权代理违法行为打击震慑力度。对于恶意商标申请行为实施“零容忍”监管，对全市首个商标囤积倒卖行为的行政处罚案件，入选年

度上海市司法局“行政执法指导案例”、上海市知识产权联席会议“知识产权保护十大典型案例”、国家知识产权局“知识产权行政保护典型案例”、国家市场监督管理总局“知识产权执法典型案件”。加大宣传，形成震慑。先后通过上海市知识产权局微信公众号、上海人民广播电台、《中国知识产权报》等媒介，对该案进行充分报道，形成舆论氛围，进一步强化知识产权服务机构诚信意识、责任意识和守法意识。

三是营造良好的知识产权服务业发展环境。加强行业自律，会同上海市知识产权服务行业协会召开“弘正气、提质量”专题工作会，向全市代理行业发出倡议书，通报“蓝天行动”专项整治情况以及立案查处的典型案例。对专利代理机构设置相应资助，利用奖励措施，引导机构合法规范经营，并严格落实有关信用联合惩戒规定。

3. 工作成效

通过上海市首个打击商标囤积倒卖行为的行政处罚案件，有效突破了该类案件“举证难、周期长”的局面，快准狠地打击了违法行为，规范了辖区知识产权代理行业秩序，为知识产权服务业健康发展营造了良好的营商环境。该案同时对商标代理机构及商标申请人恶意代理及申请注册商标进行立案查处，突破难点，严格落实“处罚到人”的“双罚制”，不仅对企业、个人恶意注册、囤积商标行为形成有力的震慑作用，更进一步倡导以使用为目的的商标申请行为，维护良好的商标注册秩序，助力我国商标品牌健康发展。2021 年，上海市共查处知识产权代理案件 31 件，罚没款总额 374.23 万元。其中，无资质专利代理案件罚没款总额 369.23 万元。在全部案件中，商标代理案件 2 件，专利代理案件 29 件。其中，通过“双随机”检查发现商标代理违法线索 4 件，均予以立案调查；接收 12345 热线举报后立案调查 1 件。

4. 推广意义

随着知识产权领域“放管服”改革深化，商标注册程序优化、周期缩短、成本降低，申请人获得商标注册更为便捷。与此同时，也伴随出现了以转让注册商标牟利为目的，大量囤积注册商标的现象。这种行为占用并浪费了公共资源，导致一些真正需要使用商标的经营者需要支付高额转让费才能合法使用商标。该案作为全市首个打击商标囤积倒卖行为的行政处罚案件，不仅对企业、个人恶意注册、囤积商标行为形成有力的震慑作用，更有利于进一步倡导以使用为目的的商标申请行为，维护良好的商标注册秩序，助力我国商标品牌健康发展。

（十五）河北省保定市全方位营造知识产权良好服务环境

1. 案例概述

知识产权代理行业是搭建创新主体和知识产权事业的桥梁，对于知识产权的创造、保护、促进和运用等各个环节至关重要。近两年，保定市市场监督管理局在河北省市场监督管理局的坚强领导下，坚持“依法监管、主动监管、协同监管、智慧监管”四项基本原则，将对知识产权服务机构的日常监管与专项整治有机结合，创新监管方式，通过采取“导”“育”结合、“清”“查”结合、“打”“宣”结合、“信”“管”结合等多项措施，重拳打击各类违法违规行为，不断探索代理监管长效机制建设，积极营造诚实守法、公平竞争、优胜劣汰的市场环境。

2. 亮点及工作创新情况

坚持“导”“育”结合。一是强化组织领导。成立专项整治领导小组，以市政府名义安排部署，印发整治方案，统筹推进各项工作任务。二是强化政策引导。组织召开知识产权代理机构座谈会，学习《专利代理条例》《专利代理信用评价管理办法（试行）》等法规，引导机构诚信守规，提高服务能力。三是强化品牌培育。组织培育期的5家机构学习政策，对标对表，服务企业转型升级和创新发展。

坚持“清”“查”结合。一是摸清监管底数。对辖区内代理机构进行全面摸排，建立台账，了解业务开展情况。二是明确整治重点。将恶意商标申请、以不正当手段招揽业务等五类违法违规行为作为重点整治内容。三是强化自查整改。督促辖区内所有代理机构开展全面自查整改，签订信用承诺书并进行备案。

坚持“打”“宣”结合。一是认真核查问题线索。对国家局、省局转办以及投诉举报等途径收集的违法违规线索，依法依规严肃查处，始终保持打击商标、专利代理违法违规行为高压态势，持续优化知识产权服务业发展环境。二是公布典型案件。加大违法失信行为曝光力度。

坚持“信”“管”结合。一是分级分类监管。依托国家企业信用信息公示系统、全国信用信息共享平台等资源，及时归集代理机构信用信息，实施差异化监管。二是发挥协会作用。组织引导专利代理行业加强会员管理，建立健全行业协会信用监管机制。三是强化社会监督。引导保定市创新主体优选、慎选代理机构，同时发动社会力量，公开征集违法代理线索。

3. 工作成效

一是提升了服务能力。保定市 2022 年有 2 家服务机构被确定为省级知识产权服务品牌机构，2 家被确定为 2022 年度知识产权服务品牌培育机构。一项知识产权服务品牌机构培育项目获得省级资助。保障了优质的知识产权服务供给，同时为高质量发展提供了有力支撑。

二是提升了整改效能。保定市共组织 340 家商标代理机构填写自查表、签署承诺书，并将 1 家违规机构列入经营异常名录。“蓝天”专项整治行动开展以来，累计出动执法车辆 120 余台次、出动执法人员 600 余人次、检查知识产权服务机构 168 家次。

三是提升了打击效果。累计办理违法代理商标案件线索 9 件，立案查处 5 件。特别是在“4·26”知识产权宣传周期间，通过向社会公布 2021～2022 年知识产权典型案例，震慑了不法分子，达到了“公示一批、警示一片、规范一方”的目的。

四是提升了共治环境。保定市商标协会配合“蓝天”专项整治行动发布的倡议书，得到了全市知识产权代理机构积极响应，通过加强行业自律，自觉抵制违法违规行为，营造了良好的专利代理市场环境，推动构建社会共治格局。

4. 推广意义

保定市市场监督管理局通过对如何规范知识产权代理行为，提升服务质量，推动知识产权代理行业高质量发展进行深入思考，采取了针对性的措施，将日常监管与专项整治有机结合，探索代理机构监管长效机制建设，营造良好的行业发展环境，推动知识产权服务业规范化高质量发展。可为知识产权服务机构监管提供借鉴和参考。

二、行业协会案例

（一）初心如磐责任如山，保护“蓝天”助力发展——北京市专利代理师协会行业自律工作

1. 案例概述

近年来，我国专利代理行业呈现出规模逐渐壮大、服务能力不断提升、服务范围不断拓展、运行体系更趋健全的发展态势。北京市作为全国知识产权代理服务资源最为丰富、专业人才高度聚集的中心区，仍有代理非正常专利申请行为和不正当竞争等各类行业乱象，专利代理市场的秩序受到严重扰乱，广大专利代理从业者的形象受到损害，专利代理行业的健康可持续性发展受到制约。北京市专利代理师协会行业自律工作以习近平新时代中国特色社会主义思想为指导，全面贯彻习近平总书记在主持中央政治局第二十五次集体学习时的重要讲话精神，以协会宗旨为工作基础，充分发挥协会的指导、引导和服务的功能，转变行业自律工作理念，建立健全行业自律工作基础和体系，积极配合“蓝天”行动。同时，北京市专利代理师协会完善并创新行业自律监督方式，加强行业自律与政府监管衔接，加强主动监督和信息共享。经过一段时间的工作开展和工作积累，北京市大部分专利代理机构及广大从业人员充分认识到各类行业乱象的严重危害性，自觉抵制各类违规行为，逐步建立健全了内部质量管控等制度，加强了对非正常专利申请等行为的监控和管理，树立了高质量发展导向，提升了行业规范化水平，促进了专利代理行业健康可持续性发展。

2. 亮点及工作创新情况

北京市专利代理师协会行业自律工作在各级主管部门的监督和指导下建立健全行业自律工作基础和体系，其特点是将行业自律工作长期地、自然地融入其他日常工作中，通过宣传引导、执纪惩戒、行业培训、精准服务等工作形式，体系化地开展行业自律工作，形成良性循环工作模式。

一是强化工作基础。2019 年，北京市专利代理师协会先后对外公布了

《北京市专利代理执业自律规范》《北京市专利代理执业自律惩戒和处理规则》，其中主要规定了专利代理执业基本准则、专利代理机构及代理师执业自律规范、执业纪律委员会对代理机构和代理师违规行为实施的惩戒措施、处理措施及工作流程。行业自律工作在协会宗旨上，以规范和规则为工作制度的基础和依据。同时，协会成立了执业纪律委员会，为行业自律工作开展奠定人员基础。委员会由 1 名主任委员、2 名副主任委员和 16 名委员组成，主任委员由会长担任，副主任委员由监事长和秘书长担任，各委员均来自北京市专利代理机构的骨干人员以及协会各专业委员会委员，全体委员会委员均具有 15 年以上从业经验。

二是加大宣传引导。北京市专利代理师协会将《北京市专利代理执业自律规范》等相关资料印制成册，免费供北京市各专利代理机构及广大专利代理师学习参考。随着“蓝天”行动的持续开展，协会全方位宣传行动意义所在，通过官网、微博、微信公众号和企业微信等载体第一时间转发各类通知、发布倡议书，与上级单位同频共振，引导各专利代理机构及广大专利代理师自觉抵制各类行业乱象，确保“蓝天”行动的有效实施。

三是加强执纪惩戒。北京市专利代理师协会执业纪律委员会及其秘书处全力配合上级单位开展专利代理机构约谈工作、督导专利代理机构自查及整改工作。从“蓝天”行动开始至今，执业纪律委员会共计对 59 家代理机构开展约谈工作、督导 113 家代理机构进行自查及整改。同时，执业纪律委员会加大对代理非正常专利申请行为等重点违规行为的自律惩戒力度，并依据规范和规则的有关条款，对 4 家会员单位和 40 家非会员单位分别给予警告和训诫的惩戒措施。

四是开展行业培训。执业纪律委员会定期召开全体委员集体学习工作会议，交流工作经验及心得体会，强化自律工作专业学习，提升自律工作理论水平和工作素养。北京市专利代理师协会秘书处及执业纪律委员会以会员单位为工作基础，发挥知识产权保护服务专家库的智库优势，以提升服务意识和服务水平为工作目标，开展专业化、主题化、平台化、系列化的各类培训活动，提升中小专利代理机构及其代理师的执业能力水平，注重培养依法经营的意识，引导代理机构和代理师依法规范执业。

五是提供精准服务。北京市专利代理师协会秘书处及执业纪律委员会一同走访调研50家会员单位，了解北京市专利代理行业现状，对其业务经营、发展、自律工作等情况进行深入了解，收集会员单位对行业发展及行业自律工作的意见和建议，为协会执业纪律委员会的工作开展提供参考依据。

3. 工作成效

北京市专利代理师协会行业自律工作以常态化开展为工作基调，与“蓝天”行动、行风建设年等专项活动深度融合，有效地从源头遏制专利代理违法违规行为，防止劣币驱逐良币现象发生，减少低质量申请，夯实行业高质量发展的基础。自2019年至今，协会制订并实施行业自律文件2份，完成对59家代理机构的约谈工作，督导113家代理机构的自查及整改，发布书面警告处分4份、行业风险警示2份、倡议书2份，征集各类行业违规行为线索60多条，累计走访调研50家代理机构，开展各类行业培训30多场次。

4. 推广意义

北京市作为知识产权服务机构的聚集区，拥有一个诚信守法、公平竞争、优胜劣汰的市场环境十分重要。专利代理师协会作为行业组织责无旁贷，肩负着维护行业发展环境、抵制各类行业乱象、提升行业服务水平、树立维护行业形象的重任。常态化地开展行业自律工作对引导行业正风肃纪、规范发展，进入健康快速发展轨道，促进专利代理行业健康可持续性发展有着十分深远的意义。

（二）中华全国专利代理师协会联合开展自律监督，共同加强行风建设

1. 案例概述

习近平总书记在中央政治局第二十五次集体学习时指出，要从审查授权、行政执法、司法保护、仲裁调解、行业自律、公民诚信等环节完善保护体系，加强协同配合，构建大保护工作格局。加强行业自律工作，推动专利代理行业高质量发展，为构建知识产权大保护工作格局提供有力支撑已成为行业协会一项至关重要的工作。2022年，中华全国专利代理师协会发布《推进专利代理行业高质量发展行动计划（2022—2025年）》并提出，要以规范行业秩序为关键，加强行业引导和自律监督，加强与政府监管协作配合，推进专利代理行业

高质量发展。近年来，中华全国专利代理师协会在国家知识产权局知识产权运用促进司的指导下，与各地省级专利代理行业组织联合开展专利代理行业自律监督工作，充分发挥行政监管与行业自律的各自优势和特点，建立畅通有效的协同联动机制，共同促进专利代理行业健康有序发展，为构建大保护工作格局做好支撑。

2. 亮点及工作创新情况

一是建立健全工作机制，形成齐抓共管工作格局。与行政监管部门做好配合，中华全国专利代理师协会与国家知识产权局知识产权运用促进司共同制定了关于加强专利代理监管联动的工作方案，形成行政监管与行业自律协作配合工作机制。同时，加强与地方专利代理行业组织的密切联系，制订了代理师协会与地方专利代理行业组织联动的工作方案，共同维护行业有序竞争的市场秩序。

二是认真落实“蓝天”行动工作部署，净化行业风气。围绕“蓝天”专项整治行动工作部署，中华全国专利代理师协会制订发布《关于配合“蓝天”行动联合开展专利代理行业自律监督整治行动的通告》，并联合 9 家省级专利代理行业组织，针对 4 种典型违法违规行为持续开展行业自律监督整治行动。协会与国家知识产权局知识产权运用促进司研究制订《打击无资质专利代理行为工作联动协同工作流程》，及时报送无资质专利代理机构举报线索，并集中曝光了 4 批 192 家无资质专利代理机构名单。

中华全国专利代理师协会制订《关于专利代理行业组织联合打击不以保护创新为目的的非正常专利申请代理行为的工作方案》，定期联合地方专利代理行业组织对从事和涉及异常专利代理的专利代理机构，以及主动撤回后再次重复代理提交非正常专利申请行为的代理机构进行约谈，已累计约谈 8 轮，共约谈 215 次，涉及代理机构 163 家，持续督导被约谈的代理机构进行整改。与此同时，协会加强前瞻性思考，研究开展人均代理量测算工作，为相关工作提供依据和支撑。

三是开展行风建设年活动，推动行业弘正气提质量。在国家知识产权局知识产权运用促进司的工作部署下，中华全国专利代理师协会积极开展“行风建设年”系列活动。2022 年 7 月，协会举办“弘正气 · 提质量”知识产权代理行业行风建设年活动启动仪式。在启动仪式上，知识产权代理行业从业 30 年的代表发出“弘正气·提质量”宣言，现场颁发“行风建设志愿者证书”和“商标代理服务证明商标使用许可证书”，发布《知识产权代理行业服务公约》，“全国专利商标代理公共服务平台”微信小程序同步上线。会后，协会积极推动专利代理机构落实服务公约上墙，制订《全国专利代理行业行风建设志愿者管理办法》，持续开展行风建设年系列活动。

四是强化行业自律监督，维护行业健康发展秩序。不断完善《专利代理职业道德与执业纪律规范》，并录制宣讲视频，请各地方行业组织协同组织专利代理机构和专利代理师学习并落实有关规定。优化行业自律工作机制，制订《关于进一步加强行业自律机制建设的工作方案》。进一步畅通投诉渠道，加大行业自律惩戒力度，2020 年至今，协会共收到投诉 167 起，对投诉一一进行了查证、处理，并在网站开设“专利代理诚信信息专栏”，加大对违规行为的曝光力度。同时，对案件进行了梳理，形成了《行业纪律处分案例汇编》，开展行业警示教育。2021 年，协会发布《专利代理行业自律公约》，引导全行业践行“以诚信服务为本，以追求质量为魂”的职业风尚。

3. 工作成效

在国家知识产权局知识产权运用促进司的工作指导下，中华全国专利代理师协会加强与行政监管部门的协同配合，并与各地方专利代理行业组织一起，切实发挥行业自律监督职能，坚持依法监督、协同治理原则，形成上下联动、全国一盘棋的工作格局，积极发挥各自优势，有声有势地开展行业自律工作，对于加强行业诚信建设，提高行业规范化水平，维护行业诚信守法、公平竞争的市场秩序起到了积极的推动作用。

4. 推广意义

行业自律是行政监管的有益补充和有力支撑，充分发挥行政监管与行业自律各自优势和特点，建立畅通有效的协同联动机制，共同促进专利代理行业健康有序发展，也是专利代理行业创新监管的重要内容。在国家知识产权局知识产权运用促进司的工作指导下，协会与各地专利代理行业组织密切联动，更好地促进了行业自律作用的充分发挥，提高自律的有效性；更有利于营造专利代理行业良好的监管环境；更有助于推进专利代理行业的高质量发展。

（三）中华商标协会全国高校商标热点问题辩论赛系列活动

1. 案例概述

中华商标协会全国高校商标热点问题辩论赛系列活动包含：中华商标协会全国高校商标热点问题辩论赛（以下简称“辩论赛”）和全国高校商标热点问题征文比赛（以下简称“征文比赛”），旨在提升高校师生知识产权创造、保护和运用能力，助推知识产权复合型人才培育，搭建中国知识产权法学理论和实践的交流平台。

辩论赛秉承“公平、公正、公开”原则，由初赛、复赛、半决赛和决赛以及颁奖仪式组成，辩题紧扣商标领域热点、难点问题，邀请多位业内权威专家担任评委，采用定向邀请和自主报名相结合的方式，迄今已成功举办两届，共有全国范围内近 40 所高校参与活动。

在辩论赛成功举办的基础上，为了进一步吸引更多高校师生参与，2020 年中华商标协会首次举办了征文比赛，共收到来自北京大学、华东政法大学等高校的 80 篇高质量征文作品，其中本科组 12 篇，研究生组 68 篇，文章选题角度多样，既有商标法的新兴热点问题，也有商标法的传统问题，反映出同学们在选题选择时的宽阔视野。在 2022 年的第二届征文比赛中，各高等院校继续踊跃参与，两届比赛共收到稿件近 200 篇。

2. 亮点及工作创新情况

据统计，全国知识产权行业从业人员规模超过 100 万人，知识产权领域的专业人才承担着保护创新和激励创新的重任。2010 年，《国家中长期人才发展规划纲要（2010—2020 年）》发布，其中将知识产权人才列为战略性急需紧缺人才。截至 2021 年 3 月，我国有 100 所高校设置知识产权本科专业，非学历教育、在职教育等更是数不胜数，巨大的市场和人才需求带来知识产权教育的繁荣，也对人才培养提出了更高的要求。

经过调研，全国高校举办校内、校际、全国范围辩论赛和征文比赛已是常态，但众多活动中没有紧紧围绕知识产权领域商标热点问题的比赛。2019 年，中华商标协会创新性地提出举办“中华商标协会全国高校商标热点问题辩论赛”，通过常态化的活动形式，助推中国知识产权法律教育，培养更多优秀的知识产权从业人才，引导高校学生对中国知识产权实践中的热点问题予以关注、研究和探讨，提升师生知识产权创造、保护和运用能力，助推知识产权复合型人才培育，搭建中国知识产权法学理论和实践的交流平台。

3. 工作成效

一是创新普法形式，增强宣传实效。辩论赛将法治宣传贯穿始终，通过学生们的精彩辩论，普及了法律知识，宣传了法治理念，弘扬了法治精神，取得了良好的普法效果。

二是搭建就业交流平台，助力毕业生走稳就业路。赛事备受业内企业关注，创造了人才双向选择的机会，促进了校企联合，让企业成为“育人主体”的一部分，校企双方共同研究人才培养方案，既教授专业知识和专业素养，又注重训练从业技能和培养全面素质，使学生的理论与实践完美结合。首届多名参赛学生赛后到法院、企业和代理机构实习，后期与心仪单位签订用人合同，顺利就业，对学生的培养起到很好的示范作用。

三是加强校际交流，促进共同发展。关注和参与赛事的学校累计超过50所，参赛的师生近千人，通过系列活动，促进了学校之间、师生之间互相借鉴和交流，搭建了高校知识产权领域交流探讨、资源共享的平台。

4. 推广意义

第一，全国高校商标热点问题辩论赛系列活动是落实《知识产权强国建设纲要（2021—2035年）》的积极举措，为知识产权强国建设提供更加坚实的人才保障和智力支持，是坚持以改革创新精神开创法治人才培养工作新局面的重要体现。

第二，全国高校商标热点问题辩论赛系列活动是国内知识产权领域唯一紧紧围绕商标热点问题面对高校举办的活动，通过以赛促学的模式激发学生的学习热情，在辩论交流中将传统辩论与学术探讨相结合，带动学生研究商标制度中的热点难点问题，拓宽在商标法领域的学术视野。

第三，全国高校商标热点问题辩论赛系列活动的举办，在社会公众中塑造了尊重知识、崇尚创新、诚信守法、公平竞争的知识产权文化理念，营造了更加积极、更有活力的知识产权人才发展环境，有利于推动我国商标保护、宣传与教育工作的发展。

（四）中华商标协会探索全球时尚行业知识产权联合保护

1. 案例概述

为服务时尚行业品牌发展，2019 年 11 月 1 日，中华商标协会与中国服装设计师协会合作成立中国时尚知识产权保护中心（以下简称“保护中心”），这是一次具有前瞻性和探索意义的创新。

中华商标协会作为商标领域全国性专业社团、商标代理行业组织，一直致力于推动包括商标维权在内的知识产权保护。中国服装设计师协会作为中国时尚产业引领者，肩负培养中国时尚创意原动力，维护中国时尚产业良好秩序，提升中国时尚产业在全球话语权的使命与责任。中国服装设计师协会在国际时尚行业组织要求建立知识产权保护机制的呼声下，为满足国内成熟品牌及企业的知识产权保护需求、提升国际品牌合作的信心，两家协会最终达成合作，共同成立保护中心。

2. 亮点及工作创新情况

一是发布《时尚产业知识产权保护年度报告》和专项课题报告。中华商标协会学术委员会与中国服装设计师协会相关部门紧密协作，深度参与中国服装设计师协会组织中国时尚知识产权大会，与全球的政界、时尚界、法律界、商界等众多相关领域的专家学者共同探讨时尚产业知识产权保护问题及解决方案。在中国时尚知识产权大会发布《时尚产业知识产权保护年度报告》和专项课题报告，通过对企业和产业聚集区走访和调研，报告力争内容紧密结合时尚行业特点和痛点，语言简洁易懂，被众多时尚企业和设计师理解和需要，受到时尚行业人士的关注和好评。

二是上线运行时尚知识产权保护平台。在中华商标协会的支持下，保护中心于 2020 年 10 月 21 日正式上线运行时尚知识产权保护平台（www. fashionip. cn），平台为企业和设计师提供原创设计著作权登记和交易等一站式解决方案。

三是中华商标协会与中国服装设计师协会共同举办时尚行业知识产权培训、知识产权热点问题沙龙、知识产权云论坛等，为时尚企业和设计师深入了解知识产权保护的知识和具体实施方法起到了巨大的推动作用。

3. 工作成效

一是树立保护中心国际影响力。中国时尚知识产权大会从2019年至今已经连续举办三届，先后有来自中国、美国、意大利、法国、英国、西班牙、丹麦、加拿大、澳大利亚等国内外上百位嘉宾和数百位时尚精英参与，受到全球时尚界的广泛关注与大力支持。环球网、VOGUE、华丽志、红秀时尚、海报时尚网、中国新闻社、中国网新闻、新华社、光明网等百余家国内外媒体对大会进行了连续深度报道，累计触达人数为8000多万。大会还与抖音、天猫、寺库、快手、花椒等线上商贸平台及太古里、国贸、大悦城、北京坊等线下流量商圈进行深度合作，为合作方引流并促进商贸转化，扩大国内、国际影响力。

二是保护中心时尚知识产权保护平台（以下简称“保护平台”）积极运营。保护平台是在中华商标协会的支持下创建的。保护平台基于版权区块链和人工智能技术开发的版权服务平台，面向时尚及相关创意企业和原创设计师，提供版权登记、版权存证、盗版监测、侵权取证、法律维权等综合版权服务，支持文字、图片、音频、视频等各种内容格式，并针对用户个性化需求，提供客户端原创保护产品，实时记录完整的创作过程，从根本上帮助用户解决原创性证明的难题。截至2021年底，保护平台已完成注册会员219名（其中实名注册会员41名，包括个人用户31名，企业用户10名），已为400多件设计作品完成存证登记。

三是中国时尚知识产权年度报告反响热烈。2021年中国时尚知识产权大会上，中华商标协会发布《时尚产业知识产权保护年度报告》，采用数据研究与热点问题讨论相结合的形式，从全国知识产权核心数据及总体趋势、样本比较和分析以及行业热点问题简述三块内容入手，分析以中国服装设计师协会147家会员样本为代表的中国服装设计领域当前的知识产权保护情况，逐步建立具备决策参考价值、可持续跟踪研究的指数指标体系。报告提及我国大型服装企业已经具备了相对完备的知识产权保护意识和体系，虽然和国外知名品牌相比在保护策略和路径选择上有所不同，但是在国内知识产权的布局和维权投入上已经没有明显差距。与此同时，我国大型服装企业的知识产权海外布局与国外知名品牌企业差距明显，中小型服装企业在国内的知识产权布局和保护意识上，与中国大型服装企业以及国外知名品牌企业存在较大差距，这也为中国时尚知识产权保护中心下一步工作指明了方向。

4. 推广意义

《“十四五”国家知识产权保护和运用规划》提出要“完善服装设计等时尚产业知识产权保护政策”，这为保护中心工作提出重要指引，保护中心在未来的主要任务就是“推动中国时尚产业知识产权创造，运用和保护在 10 年内达到世界先进水平”，其主要意义在于：

一是继续举办中国时尚知识产权大会、发布年度报告，并将其作为保护中心重要的海内外沟通交流项目，提升保护中心在海内外的影响力。

二是国际平台构建——2025 Fashion IP 6 大会。根据保护中心工作规划，将力争于 2025 年，以中国时尚知识产权大会和中国国际时装周的名义共同发起，联合米兰时装周、巴黎时装周、伦敦时装周、纽约时装周和东京时装周组委会，共同举办第一届 Fashion IP 6 大会，邀请世界五大时装周时尚企业和设计师一起交流探讨共同关心的全球时尚产业知识产权问题，共创全球时尚产业知识产权保护新生态。

未来，保护平台随着保护中心在国内和国际影响力的提升，将更加努力为更多有知识产权保护需求的海内外会员提供及时、便捷、专业的知识产权保护。

（五）广东知识产权保护协会助力广东省知识产权人才培养

1. 案例概述

广东知识产权保护协会充分发挥行业资源优势，围绕知识产权创造、运用、保护、管理和服务，积极赋能人才培养与创新发展，首创“知识产权战略与企业资本运作高级管理人员研修班”，构建灵活开放、结构合理的知识产权教育体系，培养行业高素质从业人员。

自 2016 年起，广东知识产权保护协会于每年下半年定期举办一期研修班，至今已举办七期。研修班遵循科学的班级管理制度，执行严格的考勤、读书笔记、课堂互动、小组答辩的考核制度，邀请国内外知识产权领军人物为学员分享知识产权工作经验。旨在通过六天的学习，提升各创新主体高级管理人员的专业水平和行业视野，为广东省知识产权人才队伍建设贡献力量。

2. 工作亮点创新情况

研修班作为广东知识产权保护协会在人才培养工作上倾力打造的品牌活动，具有以下五大亮点及创新之处。

一是注重实务工作。如今知识产权证券化、高价值专利转化、开放式创新平台等创新模式不断涌现，为让学员适应新环境、新业态下的知识产权工作，研修班邀请来自政府行政部门、法院、企业、代理服务机构的一线专家作为授课讲师，其中更涵括熟悉信息产业、制造业、金融业等领域的知名经理人、法官、审查员、律师和专利代理师，让学员熟悉和掌握不同领域的实务知识和技能，将所学知识真正地源于实践，用于实践。

二是内容跟踪热点。在新工科、新产业、新技术背景下，研修班课程内容贴合广东省知识产权工作重点，加强知识产权保护、推动知识产权高水平创造、强化知识产权高效益运用以及优化知识产权高品质服务。课程定位国际化、科技化、信息化、多元化和实用化，着力提升学员的战略思维与规划能力、实务处理能力、风险预警能力、信息情报分析能力和金融运营能力，引导学员了解大形势，适应大形势，利用大形势。

三是课程设置科学。研修班课程及考核包含线上和线下两部分，线上为读书分享，线下为课题学习，分三个周五、周六开展，学员需完成全部课程任务和答辩考核后方可结业。这并非传统线下课题与线上培训的简单叠加，而是多元培训模式与不同授课内容、课程需求的有机融合。研修班遵循线上线下深度融合课程的培训设计原则，旨在为学员设计更多元化、更高参与度的课程，深度激发学员学习的积极性，充分调动学员的主观能动性。

四是严格执行管理。研修班通过过程性评价与结果性评价、过程性考核与终结性考核二者相结合，建立“考核内容综合化、考核形式多样化、考核过程全程化”的多元化管理执行模式。每期设置班主任、辅导员以及班长，执行严格的考勤制度和考核评价机制，分别从互动分享、出席情况、读书心得、课题研究及答辩等几个方面考核学员。

五是坚持形式创新。研修班自第四期起增设外出参观考察学习课程，组织学员到省内优秀企业进行交流互动。除了能在课堂上收获理论知识，学员还能走出去，深度考察学习其他优秀企业的知识产权管理、运营与保护模式，与高水平的知识产权管理人员交流心得、探讨知识产权实务工作的精髓。2020 年，研修班引入录制课程技术，对课程授课进行录制、剪辑处理，并上传到“中致学院 APP”，使受疫情影响无法线下参与课程的人员，后续能随时上线观看学习研修班内容，打破时间与空间的限制，实现互惠共学。自第六期起，研修班精心设计户外拓展环节，为学员营造轻松的沟通氛围，增进学员的相互了解。

3. 工作成效

在广东省知识产权局的大力支持和指导下，广东知识产权保护协会每年面向省内各创新主体招生，至今已经成功举办了七期研修班。截至 2022 年 10 月，研修班总课时达 280 小时，邀请授课讲师 60 余人，450 余人顺利学成结业。

广东知识产权保护协会充分发挥行业协会的资源整合优势，通过坚持举办研修班，成功打造出一支具有国际化眼光、市场化意识、职业化素养的优秀人才队伍，赋能广东省知识产权创新发展。

4. 推广意义

广东知识产权保护协会作为社会中介组织，发挥行业独特资源优势和作用，着力知识产权行业人才培育，以战略性的思维整合与共享行业资源，利用行业优势，组织调动行业内外的积极性，助力提升人才队伍综合素质和业务水平。协会首创并坚持举办研修班，通过协调、协商多方关系，整合各方优秀资源和人才优势，构建高质量人才培养中枢，着力提升各创新主体知识产权综合能力。

广东知识产权保护协会将继续注重构建人才培育生态圈，搭建知识产权人才交流平台，扎实推进行业人才智库的建设，为广东省知识产权行业发展提供人才保障和智能支撑。

（六）首都知识产权服务业协会以党建引领促行业高质量发展

1. 案例概述

首都知识产权服务业协会认真贯彻落实党的十九大精神和习近平新时代中

国特色社会主义思想，坚持以改革创新的精神，不断丰富和发展协会党建工作的新思路，探索融入业务、进入管理、推动发展的新途径和新方法，充分发挥党组织政治核心作用，推动党建工作与业务工作深度融合，为行业注入强大的“红色动力”，有力促进首都知识产权服务行业发展。

在行业自律方面，首都知识产权服务业协会完善了行业自律规则，修订《首都知识产权服务行业自律规范》《首都知识产权服务行业执业自律惩戒和处理规则》《首都知识产权服务行业信用信息公开办法》，扩大行业权益保障委员会规模并确定议事规则，为行业自律工作开展奠定了坚实基础。协会对多家涉嫌非正常申请的专利代理机构、涉嫌不良影响代理行为的商标代理机构进行了约谈和立案调查。协会还搭建了首都知识产权服务业信用信息公示平台，用于查询北京市知识产权服务机构信用信息；定期向社会发布行业信用推荐名单和信用警示名单，为市场主体选择知识产权服务提供参考。

2. 亮点及工作创新情况

首都知识产权服务业协会按照北京市关于行业监管方面的相关要求，采取多项措施，发挥行业组织作用，推进信用信息归集、加强失信管理、引导行业自律工作，为行业高质量发展提供保障。

一是搭建信用信息公开平台，形成行业信用信息公开机制。首都知识产权服务业协会制定并修订完善了《首都知识产权服务业信用信息公开办法》，组建行业权益保障委员会负责相关工作，并上线首都知识产权服务业信用信息公示平台，向社会公众开放北京市知识产权服务机构信用信息的查询。

二是完善自律规范制度，加强行业违规警示。2021 年 12 月，首都知识产权服务业协会发布《首都知识产权服务行业自律规范》《首都知识产权服务行业执业自律惩戒和处理规则》《首都知识产权服务行业信用信息公开办法》，完成行业权益保障委员会的换届工作，新增了委员议事规则、扩大了委员规模，为后续行业自律及行业权益保障工作提供了坚实的支撑。2021 年将 6 家因从事非正常专利代理的专利代理机构列入知识产权服务信用警示名单，先后发布行业风险警示通知 5 次。2022 年 4 月 26 日，在世界知识产权日当天发布了《2022 年首都知识产权服务行业信用推荐名单》和《2022 年首都知识产权服务行业信用警示名单》，树立了良好的社会示范效应。

三是配合主管部门加强行业监管，规范行业行为。首都知识产权服务业协会处理 21 家涉案商标代理机构，并将调查结果提交主管部门。发布行业信用警示名单。根据北京市知识产权局专项治理整顿的规划，约谈了 12 家专利代理机构。对于涉嫌恶意商标注册申请，损害奥运会运动员权益的单位发出了协助调查函，先后对 123 家在京从事知识产权服务的机构开展相关调查。

3. 工作成效

一是注重发挥行业党组织引领作用，促进行业发展。协会党委开放式接收知识产权服务机构党员转入，指导符合条件的机构成立基层党组织，夯实行业党建基础。通过党建活动的深入开展，发挥党员的先进带头作用，增加行业的凝聚力，促进各项工作开展。

二是完善规范制度，促进行业健康发展。通过制定和认真执行行规行约，加强行业内部的自我管理和自我约束。行规行约的制定和执行，对从业人员起到一种自我监督的作用，较好地引导行业服务机构和从业人员，严格执行相关法律法规，推动本行业规范健康发展。

三是引领行业，向客户提供优质、规范服务。通过配合主管部门加强行业监管、规范行业行为等一系列工作，规范行业竞争秩序，建立统一的市场规则共识，促进行业更好地发展。

4. 推广意义

首都知识产权服务业协会充分发挥行业协会的作用，不断增强协会影响，努力履行行业自律职能，积极致力于行业自律监督和服务职责，督促首都知识产权服务业从业人员，自觉遵守法律法规，恪守职业道德和执业纪律，诚信经营、依法执业，营造风清气正的行业环境，促进行业守正创新，行稳致远。

（七）湖北省武汉东湖新技术开发区知识产权服务业协会助力湖北市场主体复工复产

1. 案例概述

疫情期间，湖北省武汉东湖新技术开发区知识产权服务业协会（以下简称“协会”）充分发挥知识产权服务行业专业人才和智库优势，制订知识产权疫情防控复工方案，统筹推进服务机构有序复工，为企业提供知识产权代理、维权和信息等方面的公益服务，通过线上平台提供在线免费课程，构建持续培训和跟踪服务渠道，组织知识产权服务业机构联合招聘，为高校毕业生提供就业平台。助力湖北市场主体复工复产实效显著。

2. 亮点及工作创新情况

协会发挥知识产权服务行业人才集聚优势，探索服务、培训、宣传新模式，形成以服务社会为宗旨、以智库研究为支撑、以特色培训为基础、以文化宣传为引领的“服研培宣”创新模式，为科技战疫防疫贡献知识产权力量。

发挥服务行业协会专业优势，建立园区企业知识产权专员联络机制，打造知识产权服务模式“知识产权园区行”项目，累计服务省内近百家园区，为企业复工复产提供服务支撑。

打造省内首家行业协会省级知识产权培训基地，承接“湖北知识产权多元化纠纷解决机制”等10多项国家、省、市级重大研究课题；设计开发知识产权专员“四知五会”[1] 实战课程，并在省内推动了“万名专员（预科）培训”和“千名专员（考核）培训”等培训活动，培训企业知识产权管理人才。

协会还利用各类媒体开辟知识产权宣传阵地；开设“知会行－IP服务云”“知会行”“IP云课堂”“IP新动能”微信服务号，提供全链条知识产权解决方案，传播知识产权战疫正能量。

3. 工作成效

一是知识产权“云”培训聚焦实务人才培养。协会“IP云课堂”微信服务号免费开放课程，学习人次超过40万，培训了省内5000多名企业知识产权管理人才，获评湖北省知识产权优秀培训基地。

二是知识产权服务行业助力“战疫纾困”。协会组织知识产权服务机构在防疫新药、医疗设备等方面提供专利布局和免费申请100多件；联合开发的知识产权质押贷款“同心贷”服务产品授信额度达到1000万元；向相关研究机构和企业提供疫情防控、疫苗研发等方面的前沿专利信息108项；获批成立了

---

[1] “四知”指：知政策新法、知导航评议、知风险防控、知高价值专利挖掘，“五会”指：会检索查新、会技术交底、会项目申报、会诉讼应对、会标准化管理。

湖北省知识产权研究生工作站。

三是传递知识产权抗击疫情的正能量。协会发布《知识产权服务行业复工复产情况调研报告》；开设《湖北知识产权助力疫后重振》专栏，原创发稿 100 多篇。

4. 推广意义

一是充分发挥知识产权服务行业协会桥梁纽带作用，连接市场主体、行政机关、服务机构同心合力抗击疫情，为行政部门政策实施建言献策；二是创新知识产权实用实务产品，为湖北省企业提供知识产权学习课程，培训企业知识产权实务人才，助力复工复产；三是组织知识产权服务机构助力“战疫纾困”，对于促进湖北省市场主体复工复产及高质量创新发展、传递抗击疫情的正能量、优化营商环境都具有积极意义。

三、服务机构及其他案例

（一）践行“企业伙伴”理念，助力企业知识产权保护体系建立

1. 案例概述

北京市某知识产权代理机构，作为某知名预调鸡尾酒生产商的知识产权服务商，与该客户的合作始于商标注册申请业务，此后双方在知识产权业务领域深度合作，形成长期、密切、深厚的伙伴关系。围绕客户发展需求，创新性地提出了“企业伙伴”理念，并制订行之有效的工作举措，一路助力和服务于客户，帮助企业建立知识产权保护体系，引领客户企业知识产权版图发展，见证和实现了双方共赢和相互成就。

2. 服务方式

一是组建专业团队，提供全方位服务。该代理机构针对客户需求组建专业团队，既有知识产权代理专业的纵深，又有知识产权品牌建设管理的辐射，以及诉讼维权专业的深度，形成多维度、多元化、全覆盖的专业服务团队。从知识产权战略布局规划、商标申请注册管理，到商标行政授权确权，再到商标侵

权投诉、诉讼等，每个领域、程序和阶段都配备具有专业水准、经验丰富的资深代理人和专业律师，为客户提供全流程服务。

二是深入了解客户，专业引领布局。该代理机构深谙知识产权规划和布局对维护和提升企业品牌价值的重要作用，从企业发展初期，结合产品开发、生产及市场开拓，详细了解企业市场布局、经营策略等，制订详尽的商标申请策略，进行商标市场布局，首先从注册商标专用权上确定客户的合法使用地位。伴随着企业发展壮大，品牌知名度攀升，敏锐监控市场出现的侵权苗头，及时维权和打击侵权行为，净化市场环境。

三是业务从点到面，突出全局战略。该代理机构不局限于单一知识产权代理或单一侵权维权案件业务，在每个案件办理中尽可能了解业务全貌和客户需求，从知识产权体系建立和维护市场商业价值的全局出发，制订应对措施和方案，尤其在专业侵权对抗的案件中，通过细致严谨的准备，还原权利基础，抓住侵权事实，在赢得胜利的同时，注重将其作为知识产权版图建立的一个模块，纳入全局考量，从而制订后续维权方案，为建立知识产权保护体系进行谋划和布局。

四是数据驱动赋能，升级服务格局。该代理机构高度重视大数据升级与赋能，加大投入自主研发商标数据软件系统，并结合外部采购知识产权监测系统等，为有需求的客户提供知识产权大数据管理服务，针对性地创建商标权利地图，实现知识产权管理和数据运用的智能化和线上化，通过技术创新，实现客户和该代理机构自身的企业管理变革和升级转型。

3. 服务成效

在与客户合作之初，该代理机构就秉承“企业伙伴”理念，全力投入与客户企业的合作之中，从最初的商标注册服务，到商标、企业名称、产品包装抄袭等线上线下侵权维权，再到海外商标布局等，该代理机构始终站在客户企业的角度，为其提供全方位、全链条服务。

一是清理商标侵权，净化交易环境。面对侵权产品充斥市场、维权工作千头万绪的局面，该代理机构从维权商业价值、维权效果评估、成本收益预估、同类市场案例介绍等方面与客户企业进行了深入沟通交流，制订了符合客户企业实际的维权服务方案。首先，该代理机构为客户企业建立动态商标监测、侵权监测系统，及时监测模仿、抄袭商标专用权，模仿、抄袭产品包装、装潢，侵犯企业字号等不正当竞争行为。其次，针对性开展综合维权行动。通过一系列近似商标行政撤销、抄袭产品包装、侵犯字号败诉案例，保护品牌合法市场地位。最后，针对疑难复杂的重大侵权案件，与客户企业通力合作取得胜诉，通过媒体报道和宣传，在业内形成示范效应，进一步扩大品牌的影响力和显著性。

在对涉及客户品牌的四家企业共同侵权案中，该代理机构高度重视，首先对案情全盘分析，对可能涉及的流程全面梳理，对团队工作进行细致分工，不遗漏任何疑点和证据，然后组织模拟法庭多轮实战演练，最后经过激烈庭审对抗和举证质证，法院认定，侵权方的一系列行为具有攀附产品知名度和美誉度的故意，导致消费者混淆，判令侵权企业立即停止侵权并赔偿经济损失 360 万元，取得了预期结果。

二是紧跟产品市场趋势，筑牢线上保护体系。该客户品牌的产品定位主要面向时尚年轻人群体，喜爱网购是这个群体的特征之一，加之疫情导致一些实体经营受限，产品销售重心逐渐从线下向线上转移，针对随之而来的网络假冒侵权，该代理机构提前布局、迅速响应，建立线上维权小组，针对线上侵权人地域范围广而散、隐蔽性强、网络取证难等特征，制订线上维权机制，率先建立线上知识产权保护体系，形成线下线上联动保护品牌权益。

三是海外商标布局，引领发展规划。遵循海外市场发展“市场未入，商标先行”原则，结合客户企业的海外市场发展需求，制订海外申请注册商标规划，进行前瞻性布局，提前申请商标，建立海外商标档案，确保目标市场有可用商标，安全稳妥地推广品牌。此外，通过与目标国法律服务机构建立长期合作，为客户企业制订完备的海外商标使用与保护策略，一方面保证其海外商标使用符合当地法律法规，另一方面监测他人抢注、侵权客户企业商标等行为，开展适时维权。

4. 推广意义

多年来，该代理机构通过践行“企业伙伴”理念，不断助力客户发挥品牌价值，同时也赢得了客户的充分认可，获得如下评价：“该代理机构是一家业务精湛、工作高效、令人赞叹的优秀团队，用诚信服务为企业知识产权保护体系的建立作出突出贡献，发挥了不可替代的作用。”

该代理机构多年来践行与客户企业市场战略、整体战略相结合的前置知识产权创新服务模式，为知识产权服务商与客户企业提供了正向、紧密、可持续的共赢发展样本，为共同推动知识产权共同体建设，助力实现知识产权强国战略，提升我国知识产权保护意识，提高知识产权整体保护水平和能力，做出了典型的创新实践，具有推广示范意义。

（二）知识产权质押融资全链条线上化服务模式

1. 案例概述

某运营服务机构依托自行研发的知识产权互联网服务平台，以知识产权数据为基础，以大数据和人工智能等数据分析技术为手段，在国内首创知识产权质押融资全链条线上化服务模式，构建适用金融机构的知识产权金融数据模型，联合中国建设银行推出全流程线上化知识产权质押融资产品。该产品在风险控制逻辑、授信额度计算方法、多模型融合判断、审批人制度设计等方面进行了巧妙设计，成功解决了传统的知识产权质押融资长期无法突破和解决的问题，使知识产权质押融资真正做到标准化、规模化和便捷化，真正实现了知识产权质押融资全流程线上化、无纸化。

该运营机构的知识产权质押融资全链条线上化服务模式有效提升了金融服务科技型中小企业的能力，在科技型中小企业“知产”变“资产”中发挥积极的作用，已在全国推广运用。特别是在后疫情时期，知识产权质押融资全流程无接触、不见面模式发挥了巨大作用，深受金融机构和贷款企业的欢迎，成为发展较快的知识产权金融服务模式。

2. 服务方式

该运营机构的知识产权互联网服务平台以知识产权大数据评价取代知识产权评估，促进知识产权质押产品的标准化，从而不断扩大知识产权质押融资覆盖面，满足不同类型企业的融资需求。具体做法上，该平台实现了三方面的创新。

一是定制化的金融产品。平台与银行、担保等金融机构开展合作，推出定制化知识产权质押融资创新产品。根据不同金融机构的内部流程、不同企业贷款对象、不同知识产权类别、不同信贷额度开发差异化产品。产品定制化促进了金融机构对知识产权质押融资工作流程的标准化和规范化，使知识产权质押融资的常态化和规模化成为可能，大大提高了知识产权质押融资效率，提高了企业融资的便利度和科技型企业对普惠金融的获得感。该平台目前已经形成大中小金额全口径、专利商标版权全品类、线上线下全覆盖的产品。

二是工具化的系统模型。平台以合规来源的企业知识产权大数据为基础，整合企业经济、金融、工商、税务、供应链等数据，充分考虑金融机构的数据分析需求，通过人工智能和大数据分析研判方式，打破传统单个指标体系的封闭性，形成“基于大数据知识产权评价的智能风控产品”，并入围中国人民银行金融科技监管试点项目。该产品通过六大方向，几十个细化指标，构建出一套完整的评价企业持续发展能力的分析模型，辅助金融机构快速、清晰、及时了解质押物的全貌，精准掌握企业真实情况，改变了传统知识产权评估的做法。该产品通过系统与金融机构实现数据直连，无缝嵌入金融机构的贷款流程中，为金融机构融资授信提供参考依据，成为国内首个知识产权价值评议取代评估的创新解决方案。

三是线上化的流程再造。平台瞄准用户需求，对线下的贷前、贷中和贷后服务的全过程进行全流程重构，联合金融机构推出全流程线上化知识产权质押融资产品。平台业务系统与金融机构业务系统实现专线互联、数据交互、双向验证，可在线溯源知识产权质押融资全过程，有效降低知识产权质押融资业务流程中的数据错漏和环节错失风险，全面提高知识产权质押融资业务的安全性和真实性，在为贷款企业提供便捷服务的同时大大提升了风险管控能力。

3. 服务成效

一是截至 2021 年底，该服务模式合作金融机构已超过 100 家，与 20 家金融机构形成定制化产品 36 个，累计服务企业超过 8000 家，其中服务专精特新中小企业 57 家、专精特新“小巨人”企业 189 家。2017 ~ 2021 年累计帮助企业获得融资授信金额 174 亿元，质押项数 4222 项，知识产权质押融资金额和质押项数快速增长，成为全国知识产权质押项数、质押金额和服务企业数第一的平台。

二是知识产权质押融资全链条线上化服务模式已覆盖江苏省、安徽省、湖北省、云南省、辽宁省、上海市、天津市等。

三是线上知识产权质押融资产品操作便捷、进度直观、安全性好，从申请至放款最快 2 个工作日，大幅提高融资效率，极大地方便了放款银行和贷款企业。“云知贷”一经推出即在短期内成为受企业欢迎的“爆款”产品，产品上线不到半年，有 885 家企业申请，350 家企业获得授信，311 家企业完成质押，质押金额超 3 亿元。

4. 推广意义

知识产权质押融资全链条线上化服务模式的推广，有助于提高知识产权质押融资效率、扩大融资业务规模、提升金融机构风控能力、丰富金融产品类型、拓宽企业融资渠道、增加企业融资便利度，让金融惠及更多的科技创新型企业，让金融看见企业的成长价值，优化营商环境，助力科技创新型企业成长和科技产业发展。

（三）探索地理标志服务新模式

1. 案例概述

地理标志是一项重要的知识产权，保护好、运用好地理标志，对推动地方经济社会发展、促进贸易投资和保护文化遗产具有重要作用。四川省某代理机构为助力乡村振兴，促进地理标志产业高质量发展，不断创新服务模式，以多种手段引领地理标志产业，聚焦“地理标志带农、地理标志强农、地理标志兴农、地理标志富农”发展，探索服务管理“九步法”，搭建易操作、易评估、易执行“双平台”，打造管理模式化、服务快捷化、平台智慧化地理标志服务新模式。

2. 服务方式

探索服务管理“九步法”，助力高质量发展。一是聚力产业咨询，打造地理标志产业成为核心产业；二是构建发展路径，促进地理标志科技成果转化；三是关注产品质量，提升地理标志质量效益；四是共建产业联盟，攻坚地理标志发展困境；五是深化合作共赢，实现地理标志战略发展；六是塑造知名品牌，提升地理标志品牌价值；七是聚焦维权保护，深耕地理标志品牌保护；八是讲好品牌故事，擦亮地理标志“金字招牌”；九是培育专业人才，组建地理标志高层次队伍。

打造“双平台”，提升确权质量。建设地理标志检索、认证评估系统，探索“地理标志 + 信息技术”模式，汇集全国地理标志信息，形成三大体系地理标志数据库，推进地理标志检索和地理标志认证工作现代化、信息化，在四川省建立“地理标志检索 + 认证评估系统”双平台，为地理标志补短板、树目标、强品质、控质量提供理论支撑。

3. 服务成效

对于东坡泡菜，该代理机构围绕“用好一件地理标志，做强一个品牌，发展一个产业，造福一方百姓，促进乡村产业规模化、集约化和品牌化发展”的思路，形成“一个产业集群、一个研究院、一个苏东坡 IP、一个知识产权池”的园区式管理模式，截至 2021 年，东坡泡菜品牌价值达 113.85 亿元，泡菜产值超 200 亿元，占四川省眉山市东坡区生产总值的 41.5%。

苍溪猕猴桃入选《中欧地理标志保护协定》首批保护名单，“苍溪红心猕猴桃”地理标志商标维权作为四川省第一个地理标志商标侵权赔偿案件，为全国地理标志维权提供一个可复制、可推广的参考性司法案例。

充分发挥“地理标志检索 + 认证评估系统”双平台作用，2020 年以来，该代理机构严格审查申请材料在四川省已成功代理地理标志 96 件，占四川省地理标志注册集体、证明商标累计注册量的 50%，有力地促进四川省地理标志挖掘保护，为推动四川省地理标志健康发展奠定坚实基础。

4. 推广意义

截至 2022 年 9 月，全国累计批准地理标志产品 2495 个，核准地理标志作为集体商标、证明商标注册 6992 件，地理标志专用标志使用市场主体达 2 万家。在地理标志确权数量高增长的背后，如何运用保护地理标志巩固脱贫攻坚成果助力乡村振兴，日益成为地方政府、产业协会、市场主体和社会各界关心的问题。在该案例中，该代理机构通过服务管理“九步法”、搭建“双平台”，探索地理标志服务新模式，为全国服务机构创新地理标志服务内容，助推地理标志产业高质量发展提供了借鉴路径和有益参考。

（四）开展专利导航协同服务，创新高价值专利培育新模式

1. 案例概述

广西壮族自治区某知识产权代理机构基于长期工作实践开展了专利导航高价值专利培育新模式。其核心团队均具备较强的情报检索分析能力，2008 年起聚焦专利信息分析利用领域，对高价值专利培育的路径、方法、作用机制等进行了长期研究和探索，积累了丰富的实践经验和案例，在前期实施数十项专利导航、专利预警等专利信息分析评议科研项目的基础上，开发出专利导航高价值专利培育核心服务产品，利用“专利风控三步法”和“专利挖掘布局三步法”，依据《专利导航指南》（GB/T 39551—2020）系列国家标准，形成了专利导航高价值专利培育新模式，“专利风控三步法”核心技术精准对接企业新产品开发立项和研发，可精准识别竞争对手和竞争产品，尊重知识，合法规避侵权风险。“专利挖掘布局三步法”核心技术精准对接企业新产品创新成果保护，可精准识别创新高度，形成高价值专利，抢占创新高地。

2. 服务方式

该代理机构基于科技情报检索分析评价的工作基础优势，围绕广西壮族自治区党委、政府重点工作要求，针对高价值专利培育的痛点和难点问题，聚焦重大科技项目高价值专利申请培育涉及的组织管理体系、方法体系和重点环节，探索开展专利导航高价值专利培育协同创新研究和服务，通过项目示范，促进企业优化创新创造组织管理体系，聚焦创新创造重点领域、重点项目和重点环节，引导企业加强关键环节知识产权评价，为后期高价值专利培育的获权、确权和维权打下坚实基础。

一是以重大科技项目为载体，开展专利导航协同创新服务，从知识产权视角“聚焦”产业重点、项目重点、创新重点、目标市场，帮助创新主体摸清知识产权壁垒，厘清影响知识产权获权、用权和维权的关键因子，有针对性地开展高价值专利的获权、用权和维权活动。

二是围绕广西壮族自治区重大科技项目重点环节开展知识产权评议服务，通过“评价”智力成果的新颖性、创造性、专利自由实施分析、侵权判定等系列评价服务，从体系上提高广西壮族自治区创新主体智力成果的产权化、商

用化和产业化的质量和效益。

3. 服务成效

该代理机构聚焦要素市场中“专利”这个科技创新对接产业发展的关键技术要素，通过研究专利在企业竞争中的作用机制，形成了该代理机构独具特色的专利导航“三针”高价值专利培育新模式。

2020 年，该代理机构实现了专利导航高价值专利培育从研究孵化向市场应用的转变，服务新模式得到了广西壮族自治区多家大中型工业制造企业的积极响应，目前，其独具特色的服务产品和服务模式已在广西壮族自治区多家重点工业制造企业推广应用。

2021 年，该代理机构的“高价值专利培育服务平台”获广西壮族自治区南宁市创新创业领军人才（团队）“邕江计划”项目立项，其团队入选广西战略性新兴产业服务业企业。

4. 推广意义

该代理机构通过引导企业完善专利创造组织管理体系、创新专利导航方法引领、强化专利研发过程管理以及支撑建立专利申请评估机制等措施，有效提高了被服务企业的专利研发效率和水平，带动企业专利的质量和经济价值提升，为知识产权服务机构协助企业开展高价值专利创造、管理服务的路径提供了有益参考。

（五）活用非专利信息技术，助力代理机构市场开拓能力提升

1. 案例概述

当前，我国正在从知识产权引进大国向知识产权创造大国转变，知识产权工作正在从追求数量向提高质量转变。各类创新主体对于知识产权工作的重视程度日益提升。科创板等资本市场也对拟上市融资主体在获得专利权的同时，将是否能够通过专利产业化来实现经济效益，作为一项非常重要的评估标准。专利代理机构在技术领域检索分析、专利文本撰写等方面的专业化能力毋庸置疑，但普遍欠缺以客户视野制定长远的专利规划，以及开展战略性客户营销的能力和经验。

北京某信息技术企业利用其独立开发的企业资源数据库，实时跟踪、动态分析中国具有竞争力的科技企业，并为其中拟上市企业提供全生命周期的资本战略加速服务。基于对中国科技服务产业需求的理解，该信息技术企业致力于推动专利代理机构实现服务变革，提供战略营销整体解决方案，帮助专利代理机构在新一代信息技术、高端装备制造、新材料以及生物医药等国家战略性新兴产业中，精准识别战略客户、追踪竞品机构、挖掘营销机会、扩展深度服务。

同时，该企业进一步利用自身的产业合作资源优势，积极引导专利代理机构与各地政府及产业园区开展合作，共同参与专利导航分析、重点产业招商、梯队企业培育、知识产权保护等强链补链工程，成为推动代理机构以专利服务支撑地方政府建立高质量的产业集群创新的加速器。

2. 服务方式

一是以解决终端客户需求为目标导引。为企业创造价值是专利代理机构生存发展的核心驱动力。该信息技术企业围绕硬科技企业在构建专利竞争战略中的服务需求，为专利代理机构提供满足该类客户需求的数字化工具，形成了自行研发的数据平台。平台功能紧密围绕提高专利竞争优势、完善科创属性等目标而设计、开发，可直接嵌入专利代理机构的售前、售中、售后各个业务环节。

二是以推动代理机构变革为价值定位。随着科技企业商业模式的不断创新及跨技术领域交叉融合，创新主体对传统专利代理机构的服务能力提出了更高的要求。其数据平台的产品定位于推动中国优秀的专利代理机构实现数字化、智能化变革，不断沉淀形成专利代理机构所独有的核心竞争力，包括建立面向客户的专精领域行业图谱、专利导航数据模型、IPO 辅导标杆案例等，为客户深度赋能的同时实现自身的高质量可持续发展。

三是构建机构竞争及客户资源数据库。对客户技术优势及价值的保护取决于对专利战略的实施能力，这也是专利代理机构的核心竞争力之一。该信息技术企业的数据平台利用产业数据和专利数据交叉比对，协助专利代理机构分析重点客户关系链，支撑专利代理机构根据自身优势构建目标客户资源数据库，并对入库客户按价值贡献、合作潜力及流失趋势等多个维度进行分类管理。

四是利用私域化平台提供服务工具箱。该企业还协助专利代理机构基于目标客户资源数据库建立重点客户私域服务体系，并在服务体系配置 IPO 科创属性诊断、竞争对手情报监测等各类数字化、智能化工具。专利代理机构通过私域服务体系可协助重点客户开展 IPO 案例分析、竞品专利导航，引导客户不断优化专利战略布局，从而推动专利代理机构的高附加值业务。

3. 服务成效

专利代理服务属于知识密集型产业，尽快构建高效的专业化服务能力对代理机构而言愈发重要。数据平台创新性地将产业知识图谱、IPO 知识产权诊断模型、资本估值要素、科技资质属性融入专利导航及非专利数据分析软件，协助专利代理机构实时了解不同细分领域的产业竞争态势、洞察技术发展路径，为客户的技术创新战略提供全生命周期的专利服务。

一是利用科创属性诊断支撑专利战略优化。具备完善的科创属性是企业在资本市场获得融资的重要条件，而专利战略的匹配度是企业科创属性审核的核心内容。科创板上市问询是企业专利战略的试金石。集合多位专家经验所研发的 IPO 案例全库解析系统，能够动态跟踪、分类标注所有上市问询记录，并建立 IPO 知识产权问题图谱。专利代理机构借助该企业数据平台提供的 IPO 知识产权问题图谱、案例数据库，定期对客户的科创属性进行诊断，进而有针对性地帮助客户优化专利战略布局方案、有序构建高价值专利池，为客户在资本市场融资提供强有力的支持。

二是利用非专利数据为核心专利布局导航。专利代理机构协助客户对专利进行分类管理的核心，是如何准确识别核心专利并评估其价值。服务机构利用研发投入、产品销售、财务业绩、融资估值、科技资质等一系列非专利数据指标，支持专利代理机构为客户核心专利的布局导航。通过数据平台建立的可比企业分析引擎，专利代理机构可以实时检索数万项技术点所对应的市场价值指标，从而根据客户的产品研发战略精准实现对核心专利的分类管理。

三是利用精品投行模式提升专利服务质量。近年以来，科技企业对高质量专利服务的需求持续旺盛。数据平台基于 80/20 法则，协助专利代理机构按精品投行思维调整服务模式，构建差异化竞争策略。通过目标客户数据库的多个维度识别战略性客户，并为其提供高附加值的服务，从而实现专利服务收益的最大化。

四是利用客户私域网络增强专利服务粘性。为增强专利代理机构对优质客户的服务黏性，数据平台通过“产品＋服务”模式为专利代理机构搭建面向重点客户的私域服务网络，利用智能软件向客户提供专利导航分析，精准推送产业竞争分析报告等内容营销资料，持续增强对优质客户的内部占有率，提升代理机构服务的黏性。

4. 推广意义

该信息技术企业利用其独立构建的数据库、专业模型及资源网络，积极引导中国专利代理机构实现业务及客户结构重组，并聚焦于国家战略新兴产业集群的科技创新服务。同时，通过为专利代理机构提供智能化改造、数字化转型的服务，从而协助更多硬科技企业优化自身的专利竞争战略、加速实现产业创新发展计划。

一是协助代理机构实现转型升级。通过建立覆盖客户全生命周期的数字化营销体系，将客户能力画像与竞争情报相结合，用以评估营销线索、判断营销时机，从而极大提升专利代理机构对目标客户营销的精准性和成功率。围绕科技企业上市融资所需的专利战略咨询服务，利用 IPO 知识产权问题图谱，协助专利代理机构从投资者视角优化客户的专利服务方案，以支撑其资本运营战略计划，有效提升专利代理机构的服务深度和客单价值，实现专利代理机构的收益最大化。

二是推动科技企业优化专利战略。通过独立搜索引擎持续跟踪中国战略新兴产业的热点技术与发展趋势，为专利代理机构指导客户优化产品竞争策略、把握技术创新方向提供数据导航，专利代理机构得以提升从产业技术洞察、竞品企业挖掘到产品研发策略的全流程服务效率，并赢得客户信赖。通过产业技术全景图、高价值专利数据库等工具协助客户分析产品创新的价值，进而有针对性地优化客户对核心专利的布局方案，实现专利保护的同时避免过高的维持成本。

（六）高质量知识产权服务推进科技成果转化

1. 案例概述

湖南大学深入贯彻落实习近平总书记关于知识产权的重要讲话精神，坚持新发展理念，紧扣高质量发展，依托校内优势科技资源与优秀科技成果推动高质量产出，探索建立以知识产权为核心、以市场为导向、服务地方经济建设的科技成果转化平台。一是重视顶层设计，健全职责清晰的统筹协调机制，形成上下联动、协同合作的管理机制；二是不断完善管理与激励制度，构建以转化为导向的政策体系，突出高质量转化导向；三是创新知识产权运营服务机制，探索构建“筛选培育—分析导航—融资谈判—落地转化”的专业化全流程服务体系。

2019 年，湖南大学获批湖南省唯一“教育部首批高等学校科技成果转化与技术转移基地”；2020 年，湖南大学获批“首批国家知识产权示范高校”“国家知识产权信息服务中心”；被《中国知识产权报》《光明日报》《中国科学报》等媒体报道为“湖大模式”。

2. 亮点及工作创新情况

创新知识产权运营服务机制，湖南大学探索构建了“筛选培育—分析导航—融资谈判—落地转化”的专业化全流程服务体系。一是持续探索成果披露，创新知识产权筛选机制。编制《专利申请成果信息收集表》《可转化成果采集表》，收集披露创新成果，对拟申请知识产权的发明人进行面访，评估其成果应用前景；建立“周演”制度，邀请发明人面向行业和投资专家演示研究成果，专家就项目成熟度、产业化路径、商业价值、资源配置方式等方面进行研讨后筛选出高质量技术成果。二是强化专利分析导航，合理配置资源推动技术成熟化。对筛选出的拟转化科技成果进行高质量知识产权保护，为团队实施专利分析与导航，布局高价值专利组合；同时积极配置资源推动项目进行中试，根据中试进展辅导团队撰写商业计划书，讨论产业化的建议与资源配置方式。三是有的放矢，建立知识产权精准发布机制。根据知识产权领域、技术成熟度、应用场景和资源配置需求，通过组织“生物医药”“新材料”等路演专场、“核酸适体研究项目”“电涡流阻尼新技术”等院士项目产业化研讨会，邀请适配的行业优秀企业、投融资机构和相关政府部门（或园区）对接需求，建立起学校和产业、资本的对接渠道，向生产企业、投融资机构积极推介争取融资。

3. 工作成效

2020 年以来，在全流程专业服务体系的推动下，湖南大学转化知识产权 304 件，运营金额达 6.14 亿元，孵化了一批具有自主知识产权的科技型企业。"电涡流阻尼新技术"打破了重大工程中进口阻尼器的行业垄断，由 12 项专利权、18 项专利申请权组成的相关技术作价 1.0005 亿元增资某工程科技企业，磁阻尼新技术系列减振产品应用至土木、电力、轨道列车、国防航天等多领域。"制药和饮料行业智能机器人"技术通用性强、准确度高、检测效果稳定，4 项专利权作价 4500 万元与投资人联合设立新企业，开发了视觉类人工智能产品，促进智能技术与其他行业的深度融合和转型升级。为某基因生物企业提供了体外诊断技术的原始创新支撑，2021 年由 1 项专利权、4 项专利申请权、2 项技术秘密组成的"微流控体外诊断试剂与芯片技术"作价 3360 万增资该企业，目前已形成系列产品，完成 8 通道/48 通道恒温核酸扩增分析仪研制，量产≥500 台/年。由 20 项计算机软件著作权组成的"高效非结构自主 CAE 软件核心算法、GPU 并行计算及优化设计平台"作价人民币 2800 万元成立了软件企业，打造国产自主通用结构 CAE 分析软件平台、国产自主显式动力学分析软件、国产自主复杂装备的综合优化设计平台等核心产品，已在国内多家企业获得应用。

4. 推广意义

湖南大学围绕知识产权管理与运用，探索构建了"筛选培育—分析导航—融资谈判—落地转化"的专业化全流程服务体系。一是实现了知识产权申请阶段的分级管理；二是根据分级情况提供了专业化的咨询与资源推动了技术的完善与熟化，从而形成一批高价值的知识产权组合；三是围绕高价值专利组合开展了精准的对接、估值等服务，有效促进了高校知识产权的转移转化。其全流程服务体系为高校开展专业化服务提供了参考。

（七）十六年保驾护航，树专利服务高端品牌

1. 案例概述

湖北省武汉市某专利代理机构从 16 年前与专利权人建立合作初期，即对

专利权人武汉市某开关企业结合其产品市场进行专利战略顶层规划，专业布局构建牢固保护体系。自 2006 年以来，该代理机构为专利权人布局变压器无励磁分接开关相关专利多达 159 件。其中包括一件高价值发明专利，已维持专利有效 16 年。该核心专利经历了 5 次专利侵权诉讼和 8 次专利无效，仍然屹立不倒，且为客户企业创造了超过 10 亿元的销售收入，彰显了发明专利对技术和经济发展的重要贡献，也为知识产权服务中通过高质量专利代理服务创立和维护高价值专利树立了一个成功范例。

2. 服务方式

在本案例中，在案件撰写初期，该代理机构的专利代理师敏锐地察觉到其专利的商用价值，对权利要求书内容和保护范围字斟句酌，进行了严密布局和层层设防，并得到说明书的充分公开和支持，为专利权人日后的专利保护与运营打下了良好基础，提供了有力的法律保障。随着该专利产品的优势凸显，多家同行生产的产品落入了该专利的保护范围，通过诉前分析及协助查找相关证据，适时发起了两次侵权诉讼以及两次相关的合同纠纷诉讼。在侵权诉讼期间，自 2015 年 9 月起，该专利也经历了多达 8 次的专利无效请求考验。

面对无效请求，该代理机构组织优秀代理团队，对案情、案由进行了全面的了解和充分解析，并与发明人深入交流，虽然每次涉及的国内外对比文件多达十多份甚至几十份，且无效理由组合众多，但该代理机构的专利代理师始终沉着冷静，仔细分析关键争议点，然后分层次、抓重点，积极应对，强调了其专利的创新核心点“绝屏复合结构”的屏蔽层。在对各个无效理由进行反驳时，充分利用专利说明书公开的内容，并结合对比文件的工作原理及效果，进行有理有据的反驳，终使合议组认可该代理机构专利代理师的主张和该专利的创造性所在。在每一次无效程序结束后，该代理机构专利代理师还会针对整个无效的过程进行复盘和总结，优化事务方式，将代理过程中的得失提炼成日后办案的宝贵经验。通过一次次复杂多变的应诉，该专利始终维持有效状态，成为久经考验屹立不倒的行业典范。

3. 服务成效

16 年以来，该代理机构专利代理师不断跟踪产品的研发及创新过程，全面梳理了可能具有专利申请价值的外围的关联技术，避免出现专利保护的漏洞，并最终为权利人挖掘了具有绝屏结构的屏蔽罩以及对应触头的改进等十多项外围专利。通过站在专利整体布局的高度，为申请人利用核心专利和外围专利相互结合进行组合、卡位，形成严密的专利网。为专利权人通过高价值专利为前导，占据变压器分接开关的市场制高点赢得了先机。该核心专利也创造了较好的专利运营收益，在与某侵权方的专利侵权诉讼中，最终以专利权人的胜诉告终，并获得 80 万元侵权赔偿，侵权方停止制造该专利产品。据统计，专利权人带屏蔽结构开关的专利产品先后在大型电厂、500kV 核电厂、高铁牵引变压器、超高自耦变压器等领域批量替代进口开关安全运行，累计已销售6000余台，累积销售额近 5 亿元，经济效益明显。变压器因使用屏蔽鼓形开关替代进口开关，节约外汇近 2 亿美元。变压器厂因开关价差获利近 6 亿元，因带屏蔽鼓形开关节约设备成本 1 亿元以上。

4. 推广意义

该代理机构在知识产权服务中始终秉持“质量至上”的服务理念，将其贯穿于从专利申请和专利维护到市场运营的全阶段，为实体经济通过专利技术转化运营和法律保护赢得市场走出了一条实践之路。其以全过程、全方位的专业服务维护了企业专利权和正当权益，也凸显了高质量专利代理服务和高价值专利保护的紧密性和重要性，体现了长期为专利权人保驾护航的专业化服务品牌形象。

（八）利用数据平台、专业分析、创新解决方案重构知识产权服务链条

1. 案例概述

北京某网络科技企业洞察信息技术的变革和知识产权飞速增长给法律服务行业带来的前所未有的冲击和机遇，通过“数据 + 媒体 + 专业研究”的顶层设计，顺应互联网信息革命的理念，融合高质量的信息、专业认知结构以及公开透明的信息平台，将信息进行高效聚合，围绕信息的输入和输出方式、知识图谱沉淀及争议解决开展了一系列创新活动，并形成了自行研发的数据平台产品，同时开展了数据分析服务、市场调查服务及可视化应用等服务形态，为创新企业及相关服务行业提供广泛、优质的数字化合规服务，解决信息低效、信

息不对称、认知不匹配三大症结，促进了创新行业的快速蓬勃发展。

2. 服务方式

该科技企业通过为创新主体提供多元化解决方案，递进式全面触达、分析、覆盖和解决实际问题。

一是知识产权数据库及合规平台。致力于向创新主体提供国内知识产权领域最新、最全的数据获取、检索，可视化分析产品、数据应用及数据报告等服务。极大提高检索的灵活度和准确程度，并为创新主体提供国内外专家、学者和实务工作者广泛应用的前沿数据模型。

二是定制化数据分析及研究服务。通过“行业 + 知识产权 + 数据”的方式解决行业知识产权法律问题，通过知识图谱的构建和梳理，配合其高度灵活的数据分析团队，满足各行业对诉讼数据的分析需要。为企业开展业务管理、商业模式评估、风险与价值评估，协助创新企业利用数据建立风险模型，帮助企业监测知识产权风险，构建诉讼风险防控模型，进行日常业务风险评估、合作伙伴尽职调查。

三是模拟动画和庭审诉讼可视化创新服务。该科技企业在信息的传递和表达方式上推出了变革式的服务，提供“专利技术”的专利动画和庭审诉讼可视化服务。在专利诉讼案件中，利用二维动态图像设计（MG）动画、三维建模动画的技术手段，形成动态的动画、视频证据，将晦涩难懂的权利要求的解释与技术方案比对转化为形象而生动的动态表达和直观展现。诉讼可视化服务则以视频记录形式，通过对现实场景的数据测量、科学实验等手段将诉争案件原景重现，融合科学原理与三维建模，进行科学拟真模拟，极大还原事实原貌，降低信息传递的异化。

四是以市场调查为核心的多元化解决方案服务。通过专业、科学、以法律事实调查为核心的专项调查体系，聚焦知识产权与法律垂直领域，在争议解决中，运用“数据 + 科技”的力量，构建法律视角下的消费者洞察和行业研究体系。引入市场调查手段，形成有针对性和实效性的客观证据支持。通过消费者满意度调查、知识产权和法律专项调查、法律事实调查等多种服务，为客户提供解决方案。

3. 服务成效

该科技企业所提供的标准化产品持续为全国逾万名知识产权法律服务从业人员及其所在专业服务机构、高技术产业和创新行业主体提供高质量的信息服务，包括定制化数据分析及研究服务，并促进其进行数字化转型建设。该科技企业为某大型互联网教育机构提供自身控股企业、参股企业立案、结案信息监测服务，助力企业全面掌握司法诉讼风险、商业经营风险，提前制定风险应对策略，累计为客户减少经济损失及诉讼成本逾千万元，有力推动其合规及法务数字化转型，为通信、高新材料等企业提供知识产权评估，减少其诉讼经济损失千万余元，化解知识产权诉讼对上市进程产生的间接影响。专利动画和诉讼可视化服务已帮助多家材料、机械等行业的创新企业清晰、简明且直观地说明了其所主张的知识产权的价值、创新性和贡献率等复杂的事实问题，为企业切实获得知识产权保护提供助力。市场调查服务曾为某酒类企业提供商标通用名称相关市场调查与分析，及时协助该客户保护自身核心商标的合法权益，挽回直接经济损失数百万元，避免了品牌核心商标的重大危机。

4. 推广意义

该科技企业数据平台产品基于大数据研究分析，实现了以数据平台、专业分析、创新解决方案重构知识产权专业服务链条的数据价值形态的重塑与延展，沉淀了大量具有丰富研究价值的知识产权诉讼数据资源，并搭建出符合法律逻辑的数据库结构，是数字化及大数据技术的有益尝试。

不仅如此，知识产权大数据技术的成功经验驱动形成更优质的低成本、高效能的服务，令具有优势的知识产权保护模式、经验能够充分惠及创新型中小微型企业，充分体现大数据降本增效、惠及社会的效用与价值，更有助于实现企业经营目标与社会利益的高度统一，带动行业更加深度的合作与融合，强化技术运用，促进商业创新环境的优化与提升。

（九）主动服务双创基地，赋能小企业大发展

1. 案例概述

为推动知识产权服务中小企业高质量发展，武汉理工大学知识产权信息服

务中心与武汉市江岸区岱家山知识产权科创小镇签署了《知识产权信息服务框架合作协议书》，建立长效合作机制，由该服务中心为岱家山知识产权科创小镇中小微型企业提供全流程的知识产权信息服务，解决企业在技术研发和专利申请、运营、管理等方面遇到的问题。

该服务中心面向岱家山知识产权科创小镇所有企业开展常态化的知识产权信息咨询、培训和检索分析服务，提升企业人员知识产权意识。同时选取若干有较强知识产权需求的典型企业，为其提供定制化、个性化、精细化服务，帮助企业进行技术创新和知识产权运营，助力企业与高校科研团队对接合作，推动高校科技成果转化。

2. 服务方式

岱家山知识产权科创小镇聘请该服务中心成员为“知识产权科创导师”，该服务中心围绕“三个主动”开展“沉、挖、跟”式服务工作。

一是主动下沉，打开局面。该服务中心多次主动下沉至企业，实地了解和调研企业情况，开展知识产权宣讲和培训。该服务中心积极开展调研活动，并提供多场培训，每场均有数十家企业参与，企业人员知识产权意识得到普遍提升，知识产权合作企业增至 5 家。

二是主动深挖，精准把脉。该服务中心在为企业提供知识产权信息服务过程中，深度嵌入企业研发团队，主动与相关技术人员交流，挖掘企业深层次需求，对症下药，为企业提供定制化、精准化的产业专利分析和行业市场信息，帮助企业切实解决新产品开发、技术升级换代、了解竞争对手、培育高价值专利等方面的实际问题。该服务中心还根据企业需求提供相关高校、科研机构的专利分析报告，帮助企业寻求潜在合作对象，解决技术难点问题，并促进学校科研方向与产业需求对接。

三是主动跟踪，注重实效。在服务项目完成后，根据企业反馈，该服务中心成员为企业解读专利分析报告的主要内容及关键点，帮助企业用好专利分析报告。该服务中心持续跟踪企业后续的技术研发、产品经营和知识产权申请、运营情况，注重服务产生的实际效果，并帮助企业解决在不同阶段面临的知识产权相关问题。

3. 服务成效

该服务中心为岱家山知识产权科创小镇管理部门和企业提供了高质量的知识产权信息服务，形成专利分析评议报告12份，得到服务对象的高度认可，优质服务品牌效应显著。例如，在与智能机电、传感器相关企业急需解决核心技术攻关问题时，该服务中心通过专利分析帮助其企业挖掘高校潜在合作科研团队，同时也促进了高校科技成果转化。在该服务中心提供的数据信息基础上，武汉理工大学与岱家山知识产权科创小镇就132项智能传感器领域专利技术成果签订委托运营协议。再如，受客户委托，该服务中心针对石墨烯领域进行全面深入的专利分析和导航，找准市场空白点，提升专利运营、布局和保护能力，其客户目前共有授权/受理专利18件，实现了材料、工艺、设备三方面突破。该服务中心还针对视觉图像检测领域和垃圾除臭领域，检索分析业内主要竞争对手的专利情况，客户反馈其专利分析报告对于今后的专利布局、专利转让估值、市场定位等具有重要的参考价值。

该服务中心为武汉理工大学与岱家山知识产权科创小镇合作推进科技成果转化高质量发展提供信息支撑，助力岱家山知识产权科创小镇成为湖北省首家“高校专利产业化基地”。双方还联合申报了2022年度武汉市专利导航发展试验区项目并成功获批。

4. 推广意义

科技型中小微企业是重要的创新主体，但受限于企业规模和人员结构，其创新发展需要与专业知识产权服务机构合作。该服务中心精准定位中小微企业科技创新需求，立足理工科高校的科研优势，探索实践了主动下沉企业、校企深度合作、供需精准对接、全流程与定制化相结合的知识产权信息服务模式，支撑地方实体经济发展成效显著，可为知识产权信息服务机构服务地方经济、促进高校成果转化提供借鉴和参考。

（十）“互联网＋知识产权”智能云系统科技为知识产权赋能

1. 案例概述

江苏省某商标代理服务机构自主研发并于2020年正式投入运行了其运

用“互联网 + 知识产权”打造的云端智能生态系统，是知识产权新模式的一次成功尝试。该系统主要功能包括：一是为代理机构提供流程、数据管理及统计分析等；二是为企业提供一站式知识产权管理、在线协作、进度跟进等服务。

该系统重点解决如下行业痛点：一是服务机构专业水平参差不齐，流程不规范，标准不统一，难以保证承诺服务周期和效率，行业可信度低；二是企业与服务机构联系脱节，历史数据和业务记录不完整，难以自主及时获知业务进度、官方来文等；三是企业的知识产权数据大都采用人工管理，尤其对于关联企业多、数量庞大、数据分散等情况，容易出现漏洞，影响企业知识产权的有效管理、运用和保护。

2. 服务方式

一是统一标准。系统依据网报系统要求规范各类信息的录入，自动生成与法定申请文书样式一致的文书，采用《江苏省商标委托代理合同》示范文本并默认包含《风险告知书》等内容的合同。基于江苏省地方标准《商标代理服务规范》（DB32/T 2823-–2015）设置系统业务处理流程，各类申请的关键信息及材料统一录入系统管理，并对缺失的信息进行提醒，部分材料自动化处理。对官方文件自动识别并录入系统，具有法律期限的官方文件根据规定设置到期时间，并依据官方文件的要求更新办理进度。

二是信息互联。系统在进度更新后短信通知申请人，官方文件通过邮件送达，智能云系统同步接收消息。官方文件自动同步至智能云系统，并将档案归类存档，方便企业查找下载。企业可以在智能云系统上向代理机构发送需求，代理机构也可以主动通过系统向企业推送方案或建议。双方的沟通记录、相关资料以及最终转化的业务，均可在系统中查看。

三是企业“知产库”。系统利用知识产权大数据，为企业提供一站式知识产权数据管理，包括商标、专利、著作权等知识产权数据及相关档案，可按需查询导出、打包下载档案、可视化统计等，对专利年审、商标续展等关键节点进行提醒。

3. 服务成效

自 2020 年启用后，该代理机构的智能云系统累计办理各类型业务 76000

余件，处理官方文件 150000 余件，发送通知 80000 余次，报表导出 20000 余次，下载档案 15000 余次，为 8000 多位客户管理知识产权数据 50000 余条，得到了企业的支持和信任，树立了良好的口碑。

一是提高商标代理的合法化和规范化。通过企业信息核验、利益冲突审查、风险提示等，确保业务内容真实有效，程序合法规范。

二是提高代理机构业务能力、工作效率和管理水平。依托标准化流程规范指引，极大缩短了代理机构的处理时间，配合一键递交工具、消息推送服务，可做到当日报送、实时通知，综合效率提升 80% 以上。同时代理机构可全流程监督各类业务，并进行分析管理，针对性改进。

三是提高商标代理机构服务质量。信息准确率、时效性大幅提升，因信息错误或材料不规范而导致的不予受理减少了 95%，杜绝了官方文件逾期现象。

四是提高服务企业能力，助力企业知识产权管理和创新发展。企业在创新发展中离不开知识产权的保驾护航，确保对企业的风险告知、业务申报、文书送达等，有效维护企业合法权益。

知识产权大数据帮助企业实现了知识产权数据从线下到线上，从无序到规范，从散乱到集中的转型，提高了管理水平。

4. 推广意义

“创新是引领发展的第一动力”，这不仅是知识产权保护的基础，也是知识产权服务机构自身成长的宗旨。《知识产权强国建设纲要（2021—2035 年）》指出，要“提高知识产权代理、法律、信息、咨询等服务水平”“大力发展高水平的专门化服务机构”。该代理机构通过自行研发的智能云系统为代理机构的信息化建设提供了条件和机会，不仅实现了代理人、代理机构、企业之间的对接，并对代理业务进行有效管理，还实现了企业的高效自主管理。

（十一）高校专利分级管理实践与探索

1. 案例概述

2020 年 3 月，国家知识产权局、教育部联合发布《国家知识产权试点示范高校建设工作方案（试行）》（以下简称《工作方案》），提出以知识产权分级分类管理优化存量，强化知识产权保护的要求，并将建立以效益为导向的知识产权分级分类管理机制，形成分级分类的知识产权清单，并予以分级分类管理作为九个主要任务之一。

为积极响应国家知识产权局、教育部工作部署，教育部高等学校科学研究发展中心（以下简称“科研发展中心”）将历史交易价格数据引入专利价值评估模型，联合多个单位开发了高校专利分级分类机器评估方法，为高校开展专利分级分类管理提供了一个有效途径。

2. 亮点及服务创新情况

科研发展中心在梳理高校高价值专利构成要素和影响因素基础上，结合高校专利管理和运用中的实际需求，将专利历史交易数据引入专利价值评估模型，为高校确定交易价格和筛选高价值专利提供了数据支撑，在评价方法、时效性和市场法定价等方面均有所创新。

第一，以科技成果转化为导向设计评价方法，符合知识产权高质量发展要求。从市场交易、发明人能力、专利质量三个维度对专利进行综合评价和分级分类，根据分级结果给出专利处置建议，并能给出单篇专利的转化建议。同时，利用中国专利历史交易价格数据库对专利的转让价格进行计算，结合专利处置建议，给出高价值专利列表。该评价方法突破了传统上仅考虑专利质量，而与市场转化和成交价格脱节，评价结果受个人行业背景影响大等难题，能够更加客观地反映市场当前的需求情况。第二，时效性强且能够实时反映当前的专利状态。传统的评价方法存在效率低、成本高、周期长等问题，无法帮助高校建立长期可持续的工作模式。而高校专利分级服务可定期为高校提供分级数据，解决高校数据动态更新难题。第三，引入中国专利历史交易价格数据，解决高校专利定价难题。基于市场法迅速对高校的专利进行大数据计算，为高校确定交易价格、开展专利开放许可、筛选高价值专利提供数据支撑。

3. 工作成效

科研发展中心基于历史交易价格形成的专利价值评估方法，具有成本低、效率高、易操作等优势。在多方调研和实践验证的基础上，自 2021 年开始，科研发展中心开始面向全国高校开展专利分级服务试点工作。截至 2022 年 6 月，科研发展中心已经为中南大学、武汉大学、西安电子科技大学、南京理工大学、中国海洋大学、大连理工大学等十余所高校提供专利分级咨询服务，为上述高校进行专利分级管理、专利开放许可、专利运营提供了较为科学、客观的参考依据，同时，为高校科研人员在与企业谈判时提供了有效的大数据参考。部分试点高校反馈认为，科研发展中心的分级工作以市场需求为导向，合理评估专利的转化潜力，切实反映高校专利市场价值与波动情况，具备较高的客观性、合理性和科学性，为知识产权试点高校建设、提升高校专利管理和服务质量、助推高校科技成果转化工作提供了坚实的数据支撑，为学科建设和成果转化工作提供了较为客观的参考；高校根据科研发展中心提供的分级分类评价服务，积极探索建立效益导向的知识产权分级分类管理机制，对市场成熟度高的直接进行转化，对需求明确的进行二次加工，对市场活跃度低的学校探索专利许可模式，盘活存量闲置专利，在一定时期内向校内师生、社会公众免费或低价许可；分级服务也为风险防控、转化评估、尽职调查等提供了有力支撑，有效调动科研人员的转化积极性，科技成果转化增长显著，为高校科技成果转化工作开辟了新的工作思路。

4. 推广意义

科研发展中心开展的专利分级管理的实践与探索工作具有重要的推广意义和前景。首先，该专利分级方法以转化为导向，基于市场交易、发明人能力、专利质量的评价体系，并且给出转化方式建议和处置方式建议，符合中国高校科技成果转化工作现状，具有适用面广、接受程度高的优势；其次，基于大数据的算法，并结合历史交易价格数据，不仅节省大量的分析和评估费用，而且相比于传统的分级方法，效率大幅提升，非常适用于普遍存在人手紧缺的高校科研管理部门或技术转移部门；最后，通过成本可控又能极大提升效率的分级方法，可以解决科技成果转化存在周期长、成交概率低带来的工作难以持久开展的难题，对于高校科技成果转化形成常态化工作机制具有重要意义。

为了更好地助力高校提高专利创造质量和运用效益，科研发展中心已经着手对现有专利分级分类评估服务升级，将人工标引和机器评估进行深度融合，以形成更加精准、合理、高效的专利价值评估方法，破除科技成果转化壁垒，促进高校科技创新支撑经济社会发展。

（十二）知识产权全链条创新服务推动制造业高质量发展

1. 案例概述

陕西省渭南市食品药品和知识产权服务中心（以下简称“服务中心”），充分发挥服务职能优势，通过和卤阳湖高新技术创业园区联合，对某智能科技企业围绕专利质量提升、商标品牌培育、企业知识产权保护和质押融资、宣传培训和维权保护等方面提供全链条服务。经过全方位的定向服务，该企业创新意识大幅提升，与国内相关高校科研院所进行深度合作，组建了“国产隧道智能装备企业研发中心”，通过了企业知识产权管理规范认证，获得陕西省首届秦创原高价值专利大赛渭南分赛三等奖。2022 年该企业产值较上年大幅增长。

2. 亮点及工作创新情况

全链条服务是服务中心的工作亮点和创新举措。服务中心不仅能立足于国家知识产权信息公共服务网点的服务职能，而且能用好国家知识产权局商标业务渭南受理窗口、陕西省专利导航（渭南）基地和渭南市科技服务示范机构的平台，与其他部门联动，形成工作合力，为企业提供全链条服务。

一是为企业提供定制化服务。根据目标企业需求，服务中心与工信、科技等相关部门联合，带领服务机构、专家团队上门为企业量身打造操作性较强的服务方案。采用“集中宣传培训和上门服务相结合，政策信息咨询和转变企业意识相结合，现场技术指导和座谈交流相结合”的服务方式，帮助企业解决在自主创新中遇到的知识产权问题。

二是信息服务助力企业创新发展。在为企业服务过程中，服务中心现场帮助企业检索专利、商标情况，根据检索结果为企业提供决策建议。例如，通过检索企业知识产权状况，推荐企业申报陕西省知识产权贯标项目并获得认证；在陕西省首届秦创原高价值专利大赛渭南分赛中，通过检索和“查新”，对企业发明专利市场价值和应用前景进行了分析，并推荐相关企业参加全省大赛。该企业获得大赛三等奖，同时也得到了资金奖励和若干政策支持。

三是质押融资“入园惠企”促运用。在服务过程中，服务中心立足“政银企”联动，深入县市区巡回宣传、入企服务，加强银政企三方紧密交流，拓宽创新主体融资渠道，推动专利质押政策互通，与金融机构一并提供上门服务，现场检索企业符合质押的专利和商标情况，帮助相关企业搭建“质押融资”桥梁，降低中小企业融资成本。与高新技术创业园区联合，服务中心根据国家增值税期末留抵退税等有关政策，帮助企业实现退税 25 万元，为中小企业“排忧解难”。

3. 工作成效

服务中心以知识产权服务为抓手，推动某企业隧道挖掘的机械化实现新的变革，有效加强企业的核心竞争力，显著提升企业的知识产权保护意识。该企业 2019 年获得陕西省科学技术厅评定的科技型中小企业，2022 年通过企业知识产权贯标认证，参加 2022 年陕西省首届秦创原高价值专利大赛渭南分赛并获得三等奖。随着技术的不断更新换代升级，该企业市场占有率也在不断增强，产值利润取得大幅增长。

4. 推广意义

服务中心充分发挥国家知识产权局商标业务渭南受理窗口、陕西省专利导航（渭南）基地和科技服务示范机构的作用，为企业搭建一体化的知识产权全链条服务平台，将知识产权工作融入传统制造产业升级、新兴产业发展等各个领域，带动知识产权服务质量提升，促进企业自主创新能力不断提升、转化运用效益有效提高、维权保护意识不断增强。这对推动知识产权全链条服务具有重要借鉴意义。

（十三）利用专利情报分析，助力疫情防控科研攻关

1. 案例概述

自疫情发生以来，知识产权工作者积极行动。国家知识产权局专利局专利审查协作天津中心（以下简称“天津中心”）深入贯彻习近平总书记关于疫情防控的重要指示精神，积极响应国家及天津市的疫情防控工作部署，主动瞄准疫情防控科研攻关前端，为疫苗、药物、检测、器械等科研攻关提供技术支撑，重点在体外膜肺氧合器（“人工心肺”，以下简称“ECMO”）、疫苗研发和病毒检测等疫情防控关键技术领域开展专利情报分析，形成《人工心肺专利导航分析报告》《VLP 新冠疫苗关键技术研判报告》《体外诊断化学发光检测

分析报告》等多项“硬核”知识产权服务成果，与科技工作者一道同心战疫，助力疫情防控科研攻关。

2. 亮点及工作创新情况

一是知识产权高水平支撑科研技术攻关。ECMO 是新冠肺炎重症病人救治中的“终极救命武器”，其核心技术长期被国外垄断，国内在核心膜材料、整体设计、器件制造等环节处于空白，是卫生健康领域的“卡脖子”技术。天津中心受到委托，承接 ECMO 专利导航分析，通过研读 2000 余篇专利文献，对 4 个重点研究方向、6 家重要创新主体开展技术路线梳理和核心专利解析，为研发团队开展核心机理与设计、膜材料与涂层技术的自主创新提供专利情报和挖掘布局建议，助其攻克技术难关，降低研发成本，规避侵权风险。

二是知识产权高质量护航创新技术产业化。《新型冠状病毒肺炎诊疗方案（试行第七版）》提出“新型冠状病毒特异性 IgG 抗体由阴性转为阳性或恢复期较急性期 4 倍及以上升高”为确诊病例的血清学证据。疫情爆发之初，某生物科技企业成功研发全国首个获批上市的化学发光法新冠病毒 IgM/IgG 抗体检测试剂盒，然而其核心技术尚未得到有效保护。天津中心第一时间成立工作专班组，集中信息和人才资源优势，开展重点技术专利分析，完成 16000 余项中英文专利标引，形成导航报告并建立专题数据库，支撑技术研发与成果转化，助力核心技术实现专利“快保护”。

3. 工作举措及成效

一是助力清华大学国产重大医疗设备 ECMO 自主研发取得重要进展。天津中心多次与研发团队交流座谈，深入实地走访调研，保持有效充分沟通，配备专门力量，瞄准创新主体对关键核心技术攻关和保护的切实需求，专注专利导航成果的针对性和有效性。清华大学 ECMO 研发团队充分吸收并采纳天津中心提供的专利情报和布局建议，参与联合研发的 ECMO 成功小批量试制样机，并顺利完成动物预实验，研究成果成为实现我国高端医疗装备自主创新和突破的关键里程碑，为后续向 ECMO 产品化推进奠定了坚实基础。

二是助力获批上市化学发光法新冠病毒抗体检测试剂盒实现知识产权“快保护”。天津中心不仅开展专利风险分析和挖掘布局等工作，还帮助企业规范专利管理体系，修订调整《企业专利管理办法》《专利工作流程与规范》《专利工作要点》《专利申请交底书撰写指导与实例》《科研成果奖励办法》等规章制度。相关企业根据情报分析和导航成果，开展相应专利布局，申请专利12件，其中发明专利4件，挖掘高校院所相关合作方向，加强与重庆医科大学、天津大学、天津医科大学等高校的产学研合作，不断创造新产品，增强行业竞争力。

4. 推广意义

创新是引领发展的第一动力，保护知识产权就是保护创新。科学技术是人类同疾病较量的有力武器，人类战胜大灾大疫离不开科学发展和技术创新。天津中心充分发挥专业和资源优势，聚焦前沿新冠病毒防治技术，开展知识产权情报分析，发掘知识产权技术价值，有效促进创新成果不断产出和科技成果转移转化，为各类研发机构和企业开展技术创新和产品研发提供有益参考，为助力筑牢疫情防控防线贡献知识产权力量。

（十四）探索利用科创全要素，打造知识产权生态集聚

1. 案例背景

科创中国知识产权服务中心（以下简称“科创中心”）是由天津市科学技术协会指导打造的知识产权服务载体平台。该平台具有四大特点：第一，在知识产权服务领域践行“政府指导、企业经营、市场化运作”的创新示范；第二，将“科创中国”国家品牌与知识产权科技服务领域紧密结合；第三，以信息化、数据化的手段，通过市场化、社会化、专业化、生态化的专业定位，将知识产权创造、运用、管理、保护、服务分为线上线下全流程、全方位、全链条模式运营；第四，将知识产权金融贷前评价、贷中管理、贷后处置形成闭环管理。

2. 亮点及工作创新情况

天津市作为改革开放先行区，在传统优势产业重点布局，汽车、石油化工、航空航天等领域专利申请量逐年增长，对生物医药、新能源、新材料等战略新兴产业也予以重点支持。知识产权是科技发展的显性体现，针对如何推进科研院所、高校、企业等科研力量优化配置和资源共享，加强多学科交叉融

合，推动传统产业数字化、智能化、绿色化，促进产业链价值链向中高端跃升，拓展科技型企业融资渠道，科创中心重点创新了两个链接。一是搭建“产学研”与企业的链接。建立知识产权研究院，研究知识产权人才培养体系、金融体系、战略布局体系、知识产权国际化规则等，根据企业发展需求，将企业已有知识产权通过结构、材料、功能及市场导向进行智能匹配及二次精准研发，形成资产包，基于行业专家、学者高水平的论文深度分析，制定“抢跑与研发”的专利战略，充分利用天津快速申请绿色通道，布局专利集群，助推企业高质量发展。二是搭建资本与企业的链接。一方面建立金融机构产品库，另一方面构建企业数字画像、专利画像，细分企业融资需求，建立融资需求库，通过“下户走访”，了解融资意愿，精准匹配金融产品，形成组合贷款模式，最终结合贷前评价、贷中管理、贷后处置形成知识产权金融闭环管理。

3. 工作举措及成效

为实现以上工作目标，科创中心采用线上线下结合、辅助双向促进的方式开展运营。线下引入国家知识产权局专利局天津代办处进行优化政务管理，联合“建行创业者港湾”构建知识产权“一站式”金融，聚焦品牌服务机构、律师事务所、公证处、协会、高校成果转化办公室等形成知识产权生态集聚区；线上建立一套知识产权“一站式”管理系统，包含八大平台功能，将信息数据、云服务、代理服务、培训赋能、维权援助融入金融服务体系，实现成果转化。以上工作具体成效如下。

一是组织多次大型活动宣传和线上线下培训。组织 2021 年 12 月 18 日科创中心启动宣传活动、2022 年 4 月 22 日全国知识产权宣传周活动、2022 年 5 月 10 日中国品牌日活动宣传，积极开展知识产权“四进”活动。线上线下培训内容涵盖政策解读、申报代理、财税服务、法务普及、维权咨询，金融产品、专利布局等，累计服务企业 19000 多次。

二是积极推进与金融机构合作。与 26 家金融机构开展合作，首推知识产权质押融资贷前生产力转化价值评价、贷中押品管理、贷后逾期处置的知识产权质押融资闭环管理体系，并在实际发生业务中进行推广和应用。联合中国建设银行天津自由贸易试验区分行推进运营机构运用知识产权贷后闭环管理，质押融资授信 1000 万元，提款 500 万。联合宁夏银行首次开展涉农企业“商标 + 专利”知识产权混合质押贷款 140 万元。联合金融机构运用知识产权贷后闭环管理，融资租赁投放 1000 万元。

三是为拟 IPO 企业专利护航。服务科技企业，以新产品开发为主线，开展以新材料、新一代信息技术为主的相关核心技术服务与专利战略布局，合作内容包括申请相关核心发明专利 40 项。通过企业核心产品专利画像、专利对抗与保护战略布局、专利地图，成为政府优先推荐进入北京证券交易所的培育单位。

四是发起成立知识产权保护联盟。在第 22 个世界知识产权日来临之前，科创中心协同京津冀、长三角、成渝城市群、大湾区等众多区域的机构和企业融合发展，共同发起成立科创中国知识产权保护联盟。目前联盟企业发展至 78 家，其中联盟单位中某律师事务所代理两家企业客户的技术开发合同相关案件入选北京知识产权法院 2022 年“计算机软件著作权十大案件”。

4. 推广意义

科创中心打造的知识产权生态集聚区是“科创中国”品牌和知识产权服务的有机结合，通过“科技金融 + 专利保护”提升“双轮驱动”，可以有效推动科创全要素在知识产权产业生态体系中集聚，让更多的社会科技服务者为我国高质量发展贡献力量。进一步推动优势技术项目的转移和成果转化，不断降低区域知识产权交易成本，实现供需对接，推动创新要素和谐共生、协同共进，构建配置优化、运转高效的创新创业和创造新生态。